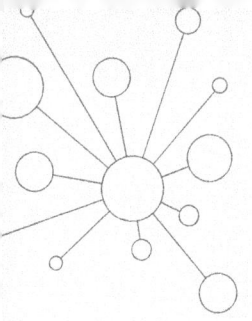

地方创生标杆

来自日本智头町的创新型地区建设实践

[日] 寺谷笃志　[日] 泽田廉路　[日] 平塚伸治　编著
[日] 小田切德美　解说

宋金文　译

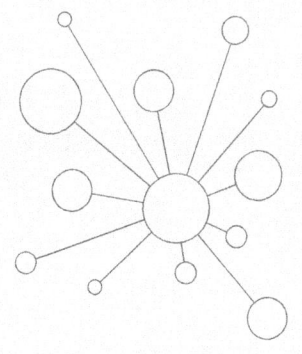
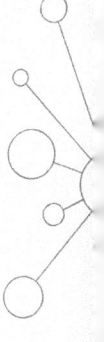

世界知识出版社

图字：01-2020-5703 号

图书在版编目（CIP）数据

地方创生标杆：来自日本智头町的创新型地区建设实践 /（日）寺谷笃志等编著；宋金文译 . — 北京：世界知识出版社，2021.12
ISBN 978-7-5012-6354-7

Ⅰ.①地… Ⅱ.①寺… ②宋… Ⅲ.①农村经济建设—史料—日本—近代 Ⅳ.① F331.37

中国版本图书馆 CIP 数据核字（2021）第 004644 号

书　　名	地方创生标杆：来自日本智头町的创新型地区建设实践 Difang Chuangsheng Biaogan: Laizi Riben Zhitouting de Chuangxinxing Diqu Jianshe Shijian
编　　著	［日］寺谷笃志　［日］泽田廉路　［日］平塚伸治
解　　说	［日］小田切德美
译　　者	宋金文
责任编辑	蔡金娣
责任出版	王勇刚
责任校对	张　琨
出版发行	世界知识出版社
地址邮编	北京市东城区干面胡同 51 号（100010）
电　　话	010-85112689（编辑部） 010-65265923（发行部）　010-85119023（邮购电话）
网　　址	www.ishizhi.cn
印　　刷	北京虎彩文化传播有限公司
经　　销	新华书店
开本印张	880 毫米 ×1230 毫米　1/32　6¼ 印张
字　　数	150 千字
版次印次	2021 年 12 月第一版　2021 年 12 月第一次印刷
标准书号	ISBN 978-7-5012-6354-7
定　　价	48.00 元

版权所有　侵权必究

本书由教育部国别和区域研究基地
北京外国语大学日本研究中心资助出版

目 录

前言
　平塚伸治　　　　　　　　　　　　　　　　　　　001

第一章　向地区吹入新风
　原那岐邮政局长　寺谷笃志　　　　　　　　　　　009

第二章　地区振兴协会与"创造性回归"
　山乡地区振兴协会前会长　中泽皓次　　　　　　　041

第三章　"行政参与"的地区建设
　智头町町长　寺谷诚一郎　　　　　　　　　　　　067

第四章　林中育儿——"森林幼儿园"
　智头町森林幼儿园"圆木园"代表　西村早荣子　　089

第五章　发轫于智头町的田园面包店
　"小格麻理"店主　渡边格、麻理子　　　　　　　115

第六章　自伐型林业与"智头森林学舍"
"皋月屋"创立者　大谷训大　　　　　　　　　　　　133

写在访谈结束后
泽田廉路　　　　　　　　　　　　　　　　　　　　151

导　读　智头町的挑战及其发展轨迹
明治大学教授　小田切德美　　　　　　　　　　　　157

参考资料
　　参考资料一　智头町地区建设年表　　　　　　　　170
　　参考资料二　"零分之一运动"实施情况　　　　　　176
　　参考资料三　"村落版零分之一运动"企划书（1996年）　180
　　参考资料四　"地区版零分之一运动"企划书（2007年）　182

后　记　　　　　　　　　　　　　　　　　　　　　187
编著者　　　　　　　　　　　　　　　　　　　　　191
导读者　　　　　　　　　　　　　　　　　　　　　193

前 言

平塚伸治

1 心系智头町

我与鸟取县智头町的缘分是从下述这件事情开始的。1993年左右,我一直在苦苦思索着这样一个问题,即城市和乡村的关系究竟应该是怎样的,两者各自又应该是个什么样子?当时我连一点头绪都找不到,更遑论找到解决问题的突破口了。当一个人遇到一筹莫展、走投无路的问题时,唯一能做的就是到博学的智者那里寻求答案。于是,我便向我的朋友——没有比他再合适的学者——隅野哲郎(已故,原大阪燃气能源与文化研究所研究员)请教。隅野先生当即向我推荐说:"我知道有个叫杉下村塾的地方,担任塾长的是那岐邮局局长,一个精力充沛的人,叫寺谷笃志。我的大学同学冈田宪夫教授(当时是京都大学教授)在那里给他做指导。你哪怕是白跑一趟,也值得去那边看看。"他还补充说:"听说凡是去杉下村塾的人,人家都会用一公斤的鸟取和牛的牛排来款待你。"我抱着"不放过任何一根救命稻草"的心态,还向往着那令人心动的一公斤牛排,便动身前往杉下村塾。于是,真正出乎意料的剧情上演了。

以下是我的经历。当时虽时值晚秋，然而已有雪花飘落，室外寒冷刺骨。不过，在杉下村塾的会场，约40名与会者聚集一堂，正热烈地进行着讨论，室内人声鼎沸。若不是十分专注地侧耳倾听，讨论的内容就会被其他小组的声音盖过。讨论分组进行，每组大约有七八个人，他们分坐在模造纸①旁展开辩论。随着时间的流逝，讨论越发热烈，气氛也更加高涨起来。记录员麻利地把转瞬即逝的讨论内容记在模造纸上。与会者的发言内容即刻会被分享出来。随着讨论的深入，记录的内容也逐渐深化。在这个过程中，会有不少新的见解得以产生。我顿时感觉到自己置身于一个生产知识的空间里，心情也被期待和激动所带来的兴奋包围着。下一刻，直觉告诉我，这个地区的黎明即将到来。

在这次戏剧性的经历之后的大约25年间，我的心越发离不开智头町了。因为智头町作为地区振兴的先行者，不断提出了很多有益的社会建议。我关注着这里发生的一切，目光一直没有离开过。仔细回顾智头町大约35年的建设历程，就能发现，我的预想是完全准确的。例如，智头町独创性地开发了"向日葵体系"（邮局的外勤人员顺便负责确认独自生活的老年人是否平安）、开展了"日本·零分之一乡村振兴运动"（村落和地区居民自己制订并实施的地区规划运动，以下称"零分之一运动"）等活动。近年来，它还创造出了一些如"百人委员会"、"森林幼儿园"、自伐型林业和"山林银行"等独到的地区建设新举措。

---

① 是一种吸墨力较强的纸，平滑、强韧。可用于书写，也适合杂志、书籍的印刷（脚注为译者注，以下同）。

2 从一无所有的小镇开启的地区建设

首先让我们来看看智头町是个怎样的小镇。智头町位于鸟取县东南部，森林占到总面积的93%，也没有什么特别亮眼的旅游资源，唯一拥有的便是自江户时代开始不断植树而形成的智头杉林。无须猜测，这里是一个过疏化非常严重的地区。1955年时，这里的人口是14643人，而到2015年，仅剩下7154人。也就是说，在60年的时间里，这里的人口降到了原先的一半以下。而老龄率则高达38.9%（数据来自2015年全国人口普查）。

这里没有什么值得自豪或夸耀的地方。除了智头杉之外，它就和全国其他普通的小镇别无二致，四面都被中国山地①的群山所包围，村庄零星分布于深谷中的小河两岸。人们在这里安静地生活着。在这样的环境的滋养下，居民们的性情也不一样。正如当地人常说的"瓜熟蒂落"②一样，人们在等待着时机的成熟。

这样的智头町，是如何得以突破往昔旧式的社会规范的呢？它又是如何在地区建设中构筑起"地区经营"的新概念，并确立了自主的居民自治的呢？

要回答这个问题，回顾一下自1984年起至今历时35年的智头町地区建设的历程，我们便会发现，这一切始于一位居民令人震惊的行动。在他的带动下，出现了一批愿意承担责任、投身于地区

---

① 日本地名。在日本有"中国地方"的县共有5个，包括鸟取、岛根、冈山、广岛、山口。

② 有说法认为鸟取县居民的性情比较消极，倾向于依赖他人。这句话的意思是指不愿意出头露面、主动承担，只想随大流。

建设的群体。起初小镇中的人们对这一现象多是冷眼旁观，认为这只是一时的冲动。

然而，这个活动不仅运用上了《孙子兵法》中的经典智慧，还运用上了社会科学中的社会系统思维和规范理论，并将包括企业管理方法在内的实践战略也加以提炼，孕育并催生了智头町地区建设的萌芽与始发期。

"零分之一运动"始于1997年，智头町由此进入了居民制订规划、行政予以支援的居民主体与行政参与期。2004年辞去智头町町长职务的寺谷诚一郎于2008年再次当选，并设置了能够充分发挥居民智慧的"百人委员会"。自此，智头町地区建设的面貌再度发生转变，居民成了实实在在的主角。

此后，移居者和年轻人也陆续加入进来，成为主角，使地区建设的开展更具特色，小镇迎来了创业与发展期。

如果试着做更进一步的分析，便能发现，这些活动也是对地区消亡的命运展开的一场针锋相对的抵抗。无论是对每一位居民来说，还是对整座小镇来说，这场运动赌的是事关生死存亡的一步棋，故取名为"创发①实践"。

"创发实践"，是指由某一个人的创意或不经意说出的主意引发热烈的讨论，随后上升到具体活动方案的协作式实践行动。"创发实践"这一表述，是对智头町地区建设的整体而言的。例如，拿多年来一直推行的"零分之一运动"来说，按道理1是无法除以

---

① "創発"一词是日语表达，这里直接使用。意指个体通过与他人的交流发挥自己的力量，创造出富有创造性的成果。

0 的，然而，如果 1 除以 0.0001 的话，那就会变成 10000。也就是说，哪怕是迈出很小的一步，也可能会产生巨大的价值。在生活中，像活塞活动一样，坚持重复地开展具有创意的"零分之一运动"，长此以往，就能收获了不起的成果。1984 年时居民们并不认同地区建设运动，30 多年后的现在，却有很多居民成了这场地区建设运动的主角。

这个"零分之一运动"，是在某个时间节点上从世界拾取了居民自治的种子。正如杉万俊夫教授（现任九州产业大学教授、京都大学名誉教授）的"跨地区理论"中所假设的那样，一个地区和其他的地区是相互关联的，局部性的智慧可以向其他地区传播。这个假设通过智头町地区建设的经验被介绍到全国乃至世界而得到了佐证。对过去和现在之间的因果关系的探寻就交给专家们去做吧，我这里主要分三个阶段来介绍贯穿本书的"创发实践"的实践记录：即从最初如同气泡般冒出的地区建设，到引发年轻人移居现象为止的居民自治活动。

① "萌芽与内发期"：1984 年，突破型项目规划方式的开启——基于居民迈出的一小步
　　第一章　向地区吹入新风（寺谷笃志）
② "居民主体与行政参与期"：1997 年，居民主导、行政参与方式——基于"零分之一运动"的开展
　　第二章　地区振兴协会与"创造性回归"（中泽皓次）
　　第三章　"行政参与"的地区建设（寺谷诚一郎）
③ "创业与发展期"：2009 年，依靠移居者、年轻人发起的

创业方式
第四章　林中育儿——"森林幼儿园"（西村早荣子）
第五章　发轫于智头町的田园面包店（渡边格、麻理子）
第六章　自伐型林业与"智头森林学舍"（大谷训大）

像这样俯瞰智头町的地区建设，居民的一小步 ⇒ 创造性的回归 ⇒ 居民主导的"行政参与" ⇒ 有效利用森林的"森林幼儿园" ⇒ 田园面包店"小格麻理"的菌本位制[①] ⇒ 自伐型林业和林业技术教育学堂的活动链条便清晰可见。

一直以来，地区社会往往比较顾忌突出个体的功绩。但在本书中，我们将聚焦在那些主动带头开展地区建设的个人，也就是关键人物身上，深入到他们每个人的思考和思想之中。由此，本书也提炼出了一些对下一代地区建设有所启发的东西。

3　充满活力的地区建设的三大支柱

在每天的生活中实践着的"创发"活动，是约35年来智头町地区建设的主基调。这种"创发实践"活动的开展，无论城市还是乡村，无论何时何地，都是使地区充满活力的一种原动力。要使日本的地区充满活力，就有必要让这场实践进一步推展开来。也就是说，要让它成为一种规范。所以，"零分之一运动"的计划制作要

[①]　指十分重视制作面包的酵母。日语里，"菌"与"金"同音，原文应是"金本位制"的谐音。

义——"居民自治""地区经营"与"交流和信息"这三大支柱就成为形成规范的必要条件。这是在智头町定点观察中学到的成果,同时也是对城市与乡村关系问题的解答。这三大支柱就是使地区充满活力的基本思想之精髓所在。

所谓"居民自治",是指居民为了使本地区变得更好而制订活动规划,协作完成这些活动,通过自己的力量完成地区建设的思想。为此,居民需要自己发起地区建设的研究讨论会等组织,获得预算,汲取专家和政府的智慧,并积极实施。

所谓"地区经营",就是指所有住在当地的人们自主地来治理这一方土地。将区域内所拥有的人、物、事、技术、文化、社会体系等资源全部动员起来,最大限度地发掘出地区资源的价值,使之成为财富与骄傲。并且,还要想方设法使之能在区域内持续循环运作。

所谓"交流和信息",就是指一个地区把自己进行地区建设的诀窍和想法等讯息,积极地传递分享给其他的地区。通过这样的信息传递,能够产生与他人的联系,促进相互交流,在地区中产生一种自立的风气。交流能给一个地区吹来新风,能够成为创造新价值的引擎。也就是说,地区必须是对外开放的。

充满活力的地区建设,必须让这三大支柱三位一体地、有机地发挥作用。因为,能够使地区充满活力的秘诀就蕴含在这里。这一系列的活动能够产生协同增效的作用,相互联系。这就是"创发实践"使一个地方创造出新的生机与活力的准则。

本书记录了那些给地区吹来新风从而使之迈出一小步的人们的事迹，记录了寺谷笃志、中泽皓次、寺谷诚一郎、西村早荣子、渡边格、麻理子和大谷训大等人的实践故事。我真诚地希望读者能从他们的故事中受到启发，并将之活用到自己居住地区的建设实践当中去。

译者：任加勉

第一章
向地区吹入新风

原那岐邮政局长

寺谷笃志

由有意愿的居民们组建起小团队,开展地区建设实践和社会科学的学习,从战略上构建居民与政府官员之间的协作项目团队。在"日本·零分之一乡村振兴运动"中,以村庄及地区(学区)为单位设立地区振兴协会(地区运营组织),并以地区经营为中心开展居民自治。

1 "人气"与"真心"

1983年,时隔10年我回到了家乡,从一名广岛的中国地区邮局工作人员变成了智头町那岐邮局的局长。

当时,为社会做贡献是邮政服务的一大重点,邮局也积极致力于地区的建设事业。即便是一个仅由局长和一名工作人员组成的小邮局,我也想让那岐邮局能为社会提供相应的服务。但是,由于我出生长大的山形地区(学区)和邮局所在的那岐地区虽然同属智头町,学区却不同,无论做什么,我都会被当作局外人。记得刚上任的时候,因为邮局大楼仍是老样式,所以我就让施工人员去掉了柜台上方的格子窗,试图拉近与顾客的距离,然而这却在周边引起了流言蜚语,说这一任局长是个怪人。

我去拜访那些曾经参加过青年团活动的人们,并与他们商量一起为地区建设做点事情,却没有得到积极的响应。那些人明明是当年曾为村庄的顺利发展而奋斗过的。于是,我问他们为什么态度变得这么消极了。他们说"现在时机不对,地方变坏了"等,说的都是无法做的理由,没有往前动一步的意思。我向一位曾经一起参加过青年团活动、现任职于政府机关且关系亲密的职员朋友打招呼,邀请他一起从事智头町的建设,他却以一句"在智头町,没法干地区建设这种事",冷冰冰地拒绝了我。连政府机关职员都公开宣称无法进行地区建设的地方,该如何下手呢?我感到在我去广岛工作的10年之中,这个地方的气氛变得更加保守和封闭了。

看到这样一个毫无生气和活力的地方,我内心的希望也有点萎缩了。我甚至产生过一种自己也只能埋没在其中了的感觉。然而，当我反省自己的人生不禁扪心自问：我是否只能告诉将来的孩子们，我们生活的这个地方没有活力是没有办法的事情？是否只能说些丧气话而放弃努力？我能否改变此地消极的空气？为了让孩子们能昂首挺胸地说"我来自智头町"，我该怎么做？为了做到这些，自己必须做个榜样。自己虽然无法为孩子们留下什么财产，但至少能留下自己的活法。以博得"人气"为目标去生活，是没法进行地区建设的。我下定决心，要靠"真心真意"度过一生。

我做的第一件事就是拜访当地居民，倾听他们的声音。有时，我会去智头町政府机关听他们的想法。因为想知道政府工作人员对地区建设有怎么样的看法，大概有3年的时间，我一直坚持去政府机关走访。

在这个过程当中，我发现了解决问题的关键"穴位"。即便对话中难得碰撞出了一个有趣的想法，对方也往往只会一个劲地说各种无法实现的理由，而不是尝试着积极地去面对。于是，当对方说出消极或是否定的话时，我就试着插话说"先等一下，评价咱们另说，好吧"，把想法和评估两者分开。当有意识地这么做时，说话的气氛便自然变得积极起来了。

这个做法持续一段时间后，我逐渐明白了一点：如果一个人总是处在各种限制和否定的氛围中，他的想法便会变得内向而闭塞。那怎么做才能变得积极起来呢？当与朋友交流时，对话之中会出现一些好的想法。当觉得这个想法不错的时候，如果马上说出"那很好""那很了不起"或"那真的好棒"等称赞的话，对方的表情往往也会立刻变得明朗起来。我发现，任何人只要听到"真好"这两个字，表情就会发生改变。于是，我继续尝试着去认可周围人们的想法，总在探索着对哪些事情应该说很好、很棒、很优秀。

通过这种尝试，我发现大约 35 年间，真的发生了许多美好、了不起、很棒的事物。它改变了我自己和我周围的人。我明白了要改变智头町，必须改变自己。要善于发现地区独特的魅力和风格。

2 智头町的理念是"杉树"

从广岛返乡一年后的 1984 年，正值鸟取国民体育大会召开的前一年，县里举行了大会的迷你演练。智头町被选为空手道项目的场馆所在地，整个地区都很振奋，邮局也打算在大会会场设置一个临时邮政据点，出售一些纪念邮票等。那段时间，我正思考怎样可以将当地杉树产业与邮政挂上钩而不得要领。一天，和妻子喝茶交谈时，我心里突然浮现出一个主意来：能不能用杉树的角料制作木板明信片。我马上去找可以用带锯将杉树角料切下来并制作成一厘米厚度板材的地方。最终我找到了一家木材加工厂，主人前桥登志行先生（现在已经去世了）接下了这份工作。我和前桥先生的缘分也是从这时开始的。我见到前桥先生后，便感到他是位很了不起的人物。他曾说过："想要振兴智头町，必须得像在四周的山上搭起三叉架子（将三根圆木的顶部捆扎在一起，往三个方向撑开，然后从顶部悬挂下绞丝链等）那样才能把它提起来。"这个想法着实令人震惊。我连续近一个星期去拜访他，与他交换了对智头町未来的想法。以此为契机，我们长年累月在一起，为智头町的建设而努力，互相支持，弥补了我一个人的不足。

用圆锯将杉树木材锯成明信片的样式，再用刨子刨平，这份工作我委托给了县立智头农林高中木材加工系的老师。当作品原型完成并以"智头杉明信片"之名在当地报纸上发表出来时，广播和电视台也进行了报道，我们接到了很多电话咨询和报社的采访，全国各地的订单纷至沓来。我心想，绝不能错过这个良机，于是便拜托前桥先生："智头町目前还没有木制品的纪念特产，希望一定组建一个加工集团进行生产。"然后，得到了5个有此志向的组员的响应，智头木创企划公司设立了。下一个主意便是制作杉木名片。前桥先生委托鸟取县工业实验所进行生产技术的研究。面向即将开幕的国民体育大会，鸟取县工业实验所为智头町町长制作了杉木名片。他们先用切片机将杉板削成薄片，两面再用和纸包起来紧贴，做了100张这样的名片并分发后，也引起了很多关注。

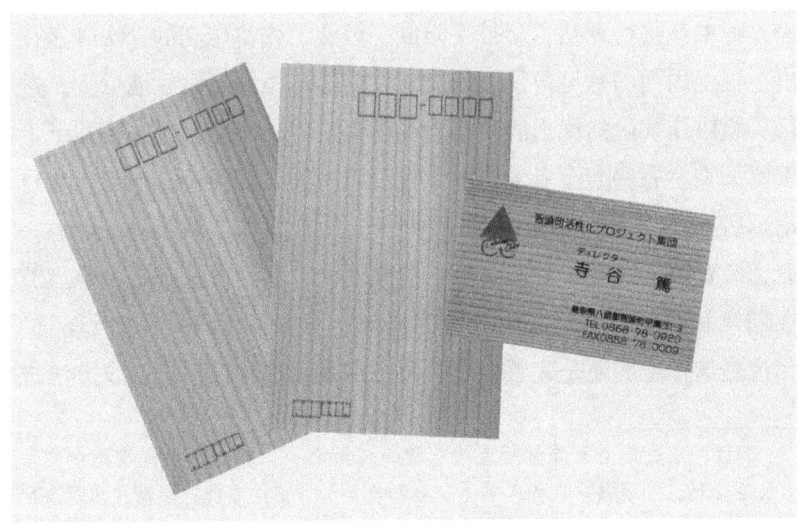

杉板明信片和杉木名片

1986年，在这一系列活动之中，由一名叫森本敏行的卡车司机起念，创立了智头木创舍有限公司。通过将木材、设计与丝网印刷相结合起来的办法，公司制作出了独特的产品。公司用山毛榉制成甲虫形状的"昆虫明信片"，还将因幡小白兔故事设计在杉板上，用丝网印刷，用线锯切割制作成杉本图画书等。每一个作品都引起了不小的反响。

与这一系列动作相关，一个要不要在全国公开举办一次杉木邮政明信片加工的"木制品游政竞赛"的话题被提了出来。"游政"是一个造词，其含义是使邮政也能带有"游玩之心"。我设想了一个让孩子们利用暑假设计制作的计划，脑子里还出现了许多其他的想法，比如向获得特别奖的孩子赠送树龄超过百年的智头杉等。

在制订计划时，我们采取了将想法与评估分开的方法。在讨论过程中就进行评估，会带来限制，因此，先将想到的念头和盘托出，根据周围的意见再予以回应。我们会将模造纸贴在墙壁上，进行头脑风暴。虽然说出的话会当场消失，但文字会记录在模造纸上保留下来。有些参会者工作刚结束没有时间继续讨论，也可以将讨论延后到第二天。然后，过一段时间，改变场所，就像冷却降温一般，设置评估标准，分步实施。换句话说，这种方法就是将重点放在创意和联想上，当意见收集完毕时，再采用 KJ 法[①]进行整理。无论是选择主题还是完善企划，我们多采用这种模造纸会议方法进

---

① KJ 法是全面质量管理的七种新工具之一。将处于混乱状态中的语言文字资料，利用其内在相互关系（亲和性）加以归纳整理，然后找出解决问题新途径的方法。在讨论问题时，充分吸取参加者的经验、知识和想法等，并用文字或语言加以归类整理，以便采取协同行动求得问题的解决。

行总结，这是根据一线的需要而产生的。

在暑假即将结束时，共征集到了全国各地小孩、大人寄来的大约300件作品。其中，一种镰仓雕刻工艺作品获得特等奖。该作品是先用电烙笔在智头杉的木制明信片上刻出轮廓，再用雕刻刀进行雕刻而成。

因比赛大获成功，一些工作人员提出能不能再做一些与当地产业有关的其他企划。通过模造纸会议，1988年策划出了"智头杉·日本之家设计比赛"活动。但是，与会成员中没有人持有建筑师的资格证，于是便向鸟取县职员泽田廉路（现为鸟取县建筑协会常务董事兼秘书长）寻求帮助，并得到了他爽快的回应。从那时起的30多年，我与他肩并肩，风雨同舟，一起活动。在这个过程中，有木材加工厂和建筑公司的老板、木匠、高中教师、农民、公司领导和职员、町议会议员、政府官员和邮局工作人员等参与进来，各种职业的人们聚在了一起。由东拼西凑组成的一群人来开展用智头杉进行普通住宅设计比赛这件事，乍一看有些冒险，但是在为振兴智头町而出力的强烈愿望指引下，他们开始向目标发起了挑战。

比赛得到了建设省、林野厅以及鸟取县的大力支持。此外，智头町还宣布将特别奖作品的300万日元（两份150万日元）奖金列入町预算之中。该项目虽然实际上是由有志者们发起并实施的项目，但最终收到了来自36个都、府、县的148件参赛作品。颁奖典礼于1988年12月1日举行。顺便说一句，智头町有一座建于1955年的"杉神社"，用来祭祀杉树之魂，颁奖典礼的会场便设在这里。当天天气晴朗，典礼在初冬的寒意中顺利举行。之后大家一起到智头町芦津溪谷中的一家野菜餐厅"三泷园"参加联欢会，抵达后，人们便品尝到了大锅煮熟的纯天然的朴蕈汤。

我们招待了来自全国各地的建筑界的业内人士，他们负责对按地区名称命名的日式建筑进行评比和推荐（来自鹿儿岛的称作"萨摩之家"，来自山口县的称作"长州之家"，来自高知的称作"土佐派之家"，本地的称作"鸟取之家"）。颁奖典礼和联欢会之后，还举办了名曰"当地之家峰会"的研讨会，有各方代表介绍和推广具有地方特色的区域性木造住宅。会议在一个用茅草搭建屋顶的民家举行，当时我们被这家民户地炉里冒出的烟雾缭绕。后来，获奖作品的设计图纸免费提供给了智头町内的工程建筑店和木材加工厂，并建成了样板房。

此外，鉴于我们的房屋设计比赛大获成功，1989 年又通过模造纸会议策划了"木屋搭建活动"计划，目的是希望能利用杉木做出更有趣的东西。计划的内容是：在最偏僻的八河谷村落，邀请加拿大的木屋建造师在两个月内建造一座木屋。首先，我们派了三个人到加拿大去学习木屋建造技术。然后，我们预料到本地可能会缺乏能够在建筑工地帮忙的人手，便面向全国招募对木屋建筑有兴趣的志愿者，并制订了以加拿大木屋建造师和在加拿大研修过的三人作为讲师，为期两个月，每人五天参加木屋搭建的劳动体验计划，包括资金怎么解决，谁来担任现场监督，志愿者在哪里住宿、在哪里用餐以及意外伤害保险等。将所有事项都仔细筛选一遍，我们凝聚智慧，制订计划，反复协商，并举行了最后一次事前商议全体会。

全体会上的重要议题是讨论该项事业完成以后，是该将建造完毕的五栋木屋无偿捐赠给八河谷村落，还是由我们自己对木屋进行经营管理。由于意见分成了两派，所以进行了投票表决。结果，无偿捐赠以一票优势胜出。

1989年秋天，木屋在完工后无偿移交给了村落。它被命名为"杉木之村"，一个时期由于被刊登在旅行杂志等刊物上的关系，每年能吸引10000名左右的游客来访。

回顾这一系列的事业，可以发现，当我们向报社提供了开发出"杉木板明信片"的信息时，就有记者从40公里外的鸟取市来进行采访，电视节目也给予了持续不断的报道。通过实施这三项事业，我再次明确认识到了"杉"是智头町居民的精神支柱，是地区的理念。我们从事的事业恰当地抓住了地区的核心部位。同时，我也亲身体会到了通过共享地区存在的课题、通过团队合作开展活动的重要性。

3 自由变幻，实践团队CCPT

每次开展事业的时候，我们都会约年轻人一起来参与。这些成功的经验是很重要的，因为哪怕失败了一次，就会失去信用，并可能永远无法翻身。当时的政治选举采用的是从一个选区选出多人的"中选举区制"，有时一家人之间也会为应该投谁一票而发生骨肉之争，甚至会有互相拖后腿的情况。在这种情况下，我们不想被卷入纠缠不清的政治漩涡之中。于是我们试着创建一个与政治有一定区别的团体，通过"政策"来接触行政和居民，并通过开展各色各样的活动，去培养有可能引领智头町前行的人才。在事业接二连三展开的途中，我更加坚定了这一想法。

我给自己定的计划是，20岁的时候决定奋力奔跑的路线，30岁的时候创造生活环境，40岁的时候用所有智慧去实践地区建设的策划和政策，50岁的时候要保持一切有条理，60岁的时候注重与妻子相处的时间。终于，在我迈入40岁大关时，时机到了。在与有心人商量之后，1988年"智头町活跃化项目团队"（Chizu Creative Project Team，以下简称CCPT，最初是由木工等各种团体的集合组织而成立的）宣告成立。

大家集体推选前桥登志行作为团队的代表。但在团队建立的消息传开不久，便出现了当地权势者向我们施压的情况。项目团队代表前桥先生尽管已经有50多岁了，但仍被有权势的人物视为眼中钉，也许在他们眼里把我们看作是一股新兴力量了吧。前桥曾谈起过自己所受到的严厉攻击，说自己曾经被一个有权势的人叫去，对方当面威胁说："我会搞垮你们的。"面对对方的威胁，前桥反击说："即使是溪流里的一滴水，也一定会越过欲捞取它的手，最终汇入大河，没有任何力量能够阻止它。"我想这番反击完美地体现出了前桥的人品。

尽管面临着一些压力，但大家并不介意，在将团队组织化的同时，事业项目也一个接一个地做了起来。CCPT某些时候会成为一个学习社会科学的团队，有时也会根据事业主题，成为一个策划、实践、执行和实现的团队。前桥和我担任了CCPT与外界联系的角色，因为当年轻人走到台前时，即使他们试图利用这次机会奋斗一下，也会遇到周遭的压力。我的做法是对方打一枪我便三倍返还。例如，当对手当众以高压的态度出现时，我就不失时机地立刻用正论和他对抗。但前桥采取的是与我完全相反的以柔化刚的策略。大家都称赞前桥不愧是位智者。尽管如此，还能听到有年轻的团队成员在职场被找碴儿的情况。

例如，曾有过这样一件事。有一天，一位高中老师找到我，低下头说："无论如何，请允许我离开 CCPT 吧。"我说："你是否要退出是你的自由，但现在正是大家相互切磋学习的时候。我们一起做一些事情吧。"他以此事为契机下定了决心。在杉木木屋的建筑活动中，由于木屋建造师是加拿大兰普顿中央高中的体育老师，因此智头町的高中生和兰普顿中央高中的高中生之间建立了交换交流的机制。这位高中老师担任协调员多年，为许多高中学生提供了去海外交流的机会。后来，被问及当时为什么想要退出时，他说："在学校遭到了批评和诽谤。"

团队组织起来之后，我和前桥早、中、晚三次保持电话联系。一个人的判断能力是有限的。事情迫使我们需要从各个角度作出判断。总之，团队是从两人的对话开始的。为了能够迅速地作出判断，两人加深了彼此之间的关系。

随着两人关系的加深，我们与成员之间的联系也越来越紧密，CCPT 的主要活动也得到了进一步扩展。1988 年，开始实施"社会人·青少年的海外派遣支援计划"（5 年中派遣输送了 34 人）。1989 年起，开始了以"地区经营"为主题的杉下村塾讲座（10 年内举办了 10 次）。同年，开始发布《CCPT 活动实践建议书》[①]（每年 1 册 A4 版 200 页，10 年 10 册），还实施了"居民意识调查"（按年代区分）以分析居民的生活样式，有针对性地开展事业。1990 年开始接收俄勒冈州大学生和开设英语会话教室。1991 年开

[①] 后统一为《CCPT 活动倡议书》。

始了《智头民间故事》的英语翻译（发行 3 册），并赠送给智头中学作为辅助教材。1992 年，开始举办"智头民间故事英语演讲比赛"和开展"读书会"（每年 4 次，10 年举办了 40 次）。这些项目的运转资金来自参加费、书籍销售收入、出资、捐赠和补贴等。

CCPT 成员都是在下班或工作结束后才聚在一起。明明利用的是闲暇时间，为什么能开展各种事业呢？其中一个原因可能是我们会不断吸收工作人员的意见并不断设定新的事业主题。成员之间在活动理念上有着共同的认同（我们不受意识形态和政治的束缚，我们的结合来自爱，来自对社会和智头町的纯粹的乡土爱。——摘自《CCPT 活动实践建议书》）。正因如此，我们的活动总是能够设定出一些独创的主题，而不是去强求什么。30 多年后当我再去问当时相关人员的感受时，他们说，"什么事情总是能够积极向上地思考，能够实现自己说过的话，觉得很开心"，"对之后的人生产生了巨大的影响"。

4 调动智慧的"模造纸会议"方式

地区建设中的难题是如何设定团队的行动目标以及如何收集整合成员各自的意见。我们通过使用"模造纸会议"的方法，完成了很多事业项目。在"模造纸会议"中，我们不会漏掉任何片言只语，而是会把耳朵当成天线，去体会共有、共振和共鸣的感觉。或许参加过项目的人都感受到自己的意见被反映到事业计划或战略之中了吧。我认为在这件事情上，比起意识层面的理解，感官上的共鸣更加重要。

介绍一个案例吧。在一次"智头町出身大学生交流会"上,有人提议,能不能举办一次从智头町到都市上大学的年轻人之间的交流互动活动。我们将模造纸贴在墙壁上,并用五颜六色的马克笔在纸上草写了如何才能让这些大学生们对家乡产生兴趣的各色意见,不允许有批评和诽谤性言论。在场的人可以毫不犹豫地大胆说出脑海里跳出来的主意,别人可以随声附和,或接着提出异想天开的想法。下面就来介绍一些实际上被联想出来的句子。

大家可以设定这样一个讨论的现场,话题是有关年轻人对智头町缺乏依恋的问题。那是因为智头町没有魅力。⇒ 如何使它充满魅力?⇒ 要不用美味的食物招待一下对方?⇒ 不,要不包一架直升机,从空中俯瞰一下智头町的美景如何? ⇒ 听上去很有趣,但那得花费多少钱啊!⇒ 不用,没有钱也可以实现,拜托一下自卫队就可以了。大致就是像这样去联想。这不是什么创作,而是将会议中联想出来的主意记录下来的产物。

寺谷笃志在立命馆大学上教养演习课

在立命馆大学教养演习课上开展"四面会议机制"演习

"模造纸会议"的一大优点是,它可以在策划的同时立即分配任务与角色,并开始执行。事不宜迟,第二天,前桥代表就前往自卫队鸟取地区合作总部试探意见。事情进行得十分顺利,负责接待的招募课课长高原功二佐同意了我们的请求。1990年3月18日,两架大型直升机把陆上自卫队日本原驻屯地作为临时基地,搭载着大学生以及居民共39人一起飞上了智头町的上空。也就是说,联想中的想法得到了实现。

联想并没有就此结束。我们邀请负责飞行计划的高原功二佐举办一次演讲会,向大家介绍一下自卫队的作战以及战略。我在演讲中得知,一个小队是由四个人组成的。听着他的演讲,我的脑海中突然一闪念:"四人、四面……啊!"我在想,是否可以将之前一直使用的"模造纸会议"改造成任何人都可以使用的技法呢?于是,"四面会议机制"诞生了。演讲会结束后数日,我拿着用文字处理机打印出来的资料,跑去拜访了鸟取大学工学系教授冈田宪夫先生(现任京都大学名誉教授)。他从 1988 年开始做鸟取大学外国留学生与儿童之间的交流活动,此后在八河谷村落开展过居民意见调查,还介绍了加拿大的木屋建造师,并为 CCPT 学员举办过社会科学的特别讲座、进行过指导。在冈田先生的建议下,"模造纸会议"实现了系统化升级。

"四面会议机制"是四人以模造纸的四边为中心,分坐四方,互相讨论,以期达成共识的协商机制。俗话说"三个臭皮匠赛过诸葛亮",若是四个臭皮匠,则更是如虎添翼。将集体智慧记录在图纸上,再将其变成计划书,步骤如下:(1)设定主题(前期预处理);(2)现场调查(问卷/采访等方法);(3)SWOT 分析;(4)制订战略方案;(5)提取材料;(6)筛选 [以亮点・鲜活・合理为关键词(主要处理)];(7)通过 KJ 法,进行分类 [综合管理(统筹、调整、资金等),宣传信息(战略公关),人员支持(与人有关的事情),实物支持(与东西有关的事情)];(8)设定各个部分的目标;(9)在策划步骤的过程中,设定第一年、第三年和第十年的目标完成点 [如果是制作规划,也可将其分成大・中・小的三个支柱(后期处理)];(10)辩论;(11)修正计划 & 取得共识;(12)创建路线图;(13)分派任务;(14)创建规划方案;(15)绘制形象设计;(16)若是举办活动,需要创建活动当天的时间表;(17)执行;(18)事后评估。

CCPT 活动越充实,与当地人一起从事的事业项目越丰富,个人的想法就越能得到精炼。联想游戏变成了汇聚集体智慧的方式，变成"模造纸会议"，通过吸纳社会系统观点，又逐步升级成"四面会议机制"。

5　杉下村塾，主题是"地区经营"

我一直都很向往人才辈出的吉田松阴的松下村塾，因为它为明治维新培养了大量人才。考虑到这一点，抱着平成的维新运动从杉下村塾开始的气概，我决定以"地区经营"为主题开设一所村塾。我有点贪婪地想把村塾打造成一个学习和实践社会科学的地方。我不仅想让地区建设的领导者参加，还想让研究人员也参加这个村塾。在直面地区问题的同时，大家一起来研究出解决方案。当我向某人咨询开设村塾事宜时，我们之间还发生了激烈的争论。他觉得有地区"运营"的概念却没有"经营"的说法。另外，当我说村塾的参加费是学生每人每次3万日元、老师免费时，他一笑置之，认为谁会愿意花钱跑到这山沟里。"事实胜于雄辩"，不干怎么知道结果？于是1989年秋天在木屋完工的同时，每年一次为期三天两夜的杉下村塾在"杉木之村"开讲了。

参加人员涉及民营、产业、政府和学术各个领域，其中社会科学学者、企业顾问、地区建设的领导和行政官员约40人，老师和学生的比例各半，大家一齐聚集到智头町最偏僻的地方。

在确定杉下村塾的地位问题上，我想是否可以将它定位为智头町地区建设的软机关。每逢村塾开讲，我们都会设定一个主题并进行讨论。设想的舞台是智头町。讲座开始初期，我们使用了"模造纸会议"模式，之后使用了系统化升级的"四面会议机制"，各个团队的讨论过程都会记录在模造纸上。村塾结束后，我们会将记录下来的内容制作成企划案，并在 CCPT 内部进一步探讨该如何运用到智头町的建设之中。为了将参加者的智慧与实践联系起来，我们与相关组织一起，成立了具体的项目团队。

从杉下村塾开始经由 CCPT 而新诞生的社会系统有"向日葵系统的概念"（由邮局的外勤职员顺便确认独居老人是否平安）、"智头町宏观计划规划"、"日本·零分之一乡村振兴运动"（以下简称"零分之一运动"）和"千代川流域圈会议"（由流域内民间、产业、政府和学术界共同开展的环境保护活动）等。

换句话说，杉下村塾已经成为预先模拟地区问题并进行战略性讨论的地方。村塾的内容有讲座学习和"四面会议机制"的演练，并在第二年共享新的社会系统启动的过程。

顺便说一句，1992 年，京都大学综合人类研究学系的杉万俊夫副教授（现为九州产业大学教授、京都大学名誉教授）出席了第四届杉下村塾。1993 年，城市开发咨询顾问平塚伸治氏参加了第五届杉下村塾。CCPT 提出的与政府的合作项目之所以能够进展顺利，一是与成员之间分享了很多知识有关，另外也与政府官员开始参加我们的会议有关。

与此同时，我们抓住机会，举办了名为"耕读会"的读书会，用来进行社会科学等知识的学习。其中，冈田教授说 CCPT 需要学一些社会心理学，于是便把杉万先生介绍给我们。通过结识杉万先生，我们对开展的活动有了新认识。

我一直对周围的人宣讲意欲和本性的重要。然而，在"杉木之村"的小型公开演讲中,杉万先生将社会的规范比喻成了"蚊帐"。这一比喻让我恍然大悟。

接下来介绍的是杉万先生的特约论文《团体力学与地区规划》中的一部分:"所有集合体都被包裹在某种形式的'蚊帐'之中。被包裹在'蚊帐'中的个体虽然会有程度上的差别,但因为他们都被包裹在'蚊帐'里面,所以或多或少会受到'蚊帐'的规范。但是,无论是哪个人,都不会被'蚊帐'完完全全地控制住。个体在被'蚊帐'规范的同时,可以自由地去感受、思考和实践各种各样的事情。换句话说,个体在被'蚊帐'规范的同时,也可以发挥主观能动性。而且虽然会有程度上的差别,但正是因为每个人都或多或少地发挥了自己的主观能动性,因此'蚊帐'会随着那些积累而发生变化。"

按我个人的理解,就是个体被某种"蚊帐"包裹着,并受到它的影响,但同时个体也拥有主观能动性。也就是说,一半受到影响,一半则是自由的。而且,"蚊帐"一直在发生变化。即个体影响整体,整体又影响个体,并因这种无休止的现象而不断变化。人的想法会根据环境、气氛和行为不断地进行更新换代。

首先,家庭的规范是事先就有的;除此之外,再加上职场的规范和地区社会的规范、市町村的规范;再往大了讲,还有日本国家的规范。生活在这个时代的人们还需要遵守一些涵盖全球的大规范,它们跨越时空影响人们心灵的成型。这让我懂得了人们的心灵是在环境中创造出来的道理。

"蚊帐"的理论对我震动很大,并成为我进一步开展地区建设的重要启示。

6　小团队能改变社区

通过1984年以来在智头町开展的活动以及对理论（社会系统思维、"蚊帐"的规范理论等）的学习，我开始觉得有可能改变智头町的规范，或许也有可能同时改变政府机关和居民。也就是说，通过创建多个小团队，就能够找到突破口。我将这项作战行动提交CCPT大会讨论，以便能充分调动有限的力量。我们和居民、政府机关以及其他机构一起组织了多个小团队式的项目小组，自1993年起果敢地行动起来。

（1）"亲水公园联系协会"

1993年3月21日，原建设省河川环境对策厅厅长关正和先生（已故）在"杉木之村"作了题为"以河川为轴心的村庄建设和地区建设"的演讲。他在讲演中提到"日本是个四季分明、山明水秀，拥有美丽优渥空间的地方"，"日本文化就是绳文时代之后的森林文化，这里的'杉木之村'正是森林的原点"（收录在《CCPT活动实践建议书》1992年版中），引起了参加者的共鸣。以此为契机，我们以森林和河川为主题开展了活动，并作为鸟取县土木工程部事业的一环，在智头町内的八处地方建设了亲水公园。1994年8月，我们和亲水公园的各个爱护团体、智头町以及鸟取县联合建立了一个协会，并以小学生为对象组成了一支河川巡逻队。尽管在学校里总是教孩子不要在河边玩耍，但我们却将在河川边的环境学习和玩水作为活动的主要内容。

（2）"政府和邮局的地区建设"项目

杉下村塾内开展了有关社会系统的内联性概念的讨论。从

1994年8月开始，政府部门和邮局的职员开发了一种"向日葵系统"，让每天外出的邮局的外勤职员开展独居老人是否平安的确认活动。该项服务活动在部分地区试验后在町内整个地区启动。后来，原邮政省将其命名为"向日葵服务机制"，并在全国各地的邮局展开。

（3）宏观计划（"杉托邦智轴建设"）的策划

为了在兼具职员培训的同时制订好智头町的宏观设计，我们于1995年2月开始了"智轴项目"，成员包括20名政府官员和3名学术专家。

（4）"清爽服务"运动人员培训项目

从1995年4月开始，在经营顾问的指导下，面向民营企业、政府机关（智头町、原用濑町、原佐治村）和邮局（9家邮局）的工作人员发起了一个被称为"清爽服务"运动的人员培训项目。该项目对参加人员联合进行了职场基本操作的培训，例如早晚的例会、报告、沟通、咨询、电话回应和召开会议的方法等。

（5）"'白兔号'（通往智头的特快列车）·'远方号'（京都和关西机场之间的特快列车）·关空（关西机场）"研讨会

1994年秋天，第三开发机构运营的智头快速列车智头线（智头—上郡）正式开通，特快列车超级"白兔号"开始途经大阪直达京都的运营。加上连接大阪和关西机场的列车"远方号"，智头町通过关西机场与世界连为一体。为了纪念这一事件，在开业半年（1995年6月3日）后，我们邀请了邻近城市和在京阪神居住的居民，在大阪南港的亚太贸易中心举行了研讨会。

(6)"日本·地区与科学的邂逅馆"建设

1995年12月,我们将CCPT的活动特色进行了总结,认为其特色就是当地人民与社会科学的邂逅,并由赞同这一观点的20个人每人出资了50万日元,在那岐邮局附近建成了一个名为"邂逅馆"的建筑,作为CPPT的招待处。

(7)"村落振兴协调员会议"

从1996年4月开始,为了能制订具体促进运动的发展并展示出各自想法和执行步骤的"零分之一运动"策划案,智头町町长任命了5名居民作为委员,与政府职员一起开会讨论。

(8)"零分之一运动负责人会议"

从1997年4月开始,为了协助"零分之一运动"在村落落地,制订村落发展计划,在政府职员中设置了村落负责人并召开会议,以便他们研修和学习地区计划的制订方法以及"模造纸会议"的正确使用方法。

(9)"零分之一运动村落振兴协会联络会"

从1997年9月开始,在引入"零分之一运动"的村落,建立了由会长和村落协调员组成的联络会议。

(10)"千代川流域圈会议"

从1997年12月开始,我们与居民、民间组织、流域内的市町村政府当局、鸟取县、鸟取大学、邮局以及原建设省等一起,在一级河流千代川流域开展了环境保护的启蒙活动。在建立该组织之际,我们事先使用"模造纸会议",分别在CCPT、智头町以及原建设省鸟取县工程事务所就山、河和海的流域合作方式进行了讨论。随后,我们成立了"千代川流域圈会议"。

(11)"平成的遣唐使项目"和"北京·智头町果树林基金会"

2005年5月,应中国社会科学院罗红光教授的邀请,通过京都大学杉万教授的介绍,CCPT成员、政府职员以及"零分之一运动"的村庄振兴的领导人一行13人访问了北京,并介绍了各个村落实施的政策措施。次年后,我们又访问了内蒙古和西安。北京的客人们也来访本地,加深了交流。

以访问北京为契机,我们和北京外国语大学的宋金文教授于2007年成立了"北京·智头町果树林基金会",并在10年内每年向北京外国语大学汇款5万日元用于购买果苗。北外日本学研究中心社会学专业的学生在北京市近郊的三处农家种植了果树。2016年6月,我和泽田、针灸师木村太一以及我的长男一起拜访了其中一户农家,位于北京市昌平区麻峪房村的陶氏家。在之后的2017年6月,平塚伸治和我共著的《从"地方创生"到"地区经营"》由宋金文教授翻译成中文出版。

(12)"地区(学区)振兴协会"启动项目

自从1997年"零分之一运动"的村落版开启以来到2007年已有10年了。为了在2007年9月成立地区振兴协会,我们选取山形地区和山乡地区作为选点并开展了工作。2007年1月制订了策划案和实施指南,并对该地区的后续跟进体系进行了任务划分。山形地区邀请前桥和杉万教授,山乡地区邀请冈田教授予以协助指导,一下子设立了两个地区振兴协会。

7 独一无二的地区建设"零分之一运动"

值得一提的是,"零分之一运动"的种子来自瑞士的山岳地带。在笹川和平财团的支持下,我有幸得到从 1989 年 9 月 20 日开始为期 9 天的对瑞士的山岳地带进行实地调查的机会。尽管邮局对我连续休假 9 天持批评的态度,但正因我鼓起勇气坚持前往瑞士,才顺利找到了起死回生之策。瑞士的调查,对后来的地区建设提供了宝贵的启示。

至今我仍记得一清二楚,在瑞士山岳地带海拔 1936 米(尚多兰)的山脊上有一个村庄。我们爬上一个陡峭的斜坡,到达了一家酒店。身为旅馆主人的村长说:"现在大家看到的是一个避暑胜地,但以前村庄曾处于垂死的危险中。那时,我投下了所有财产建造了这家酒店。这件事情带给我的经验是,首先要对自己的村庄感到自豪。瑞士的出发点就是山岳地带。只有与自然和谐相处,生活才有价值。今早我还捕获到了一只鹿,供酒店使用。孩子从海外归来,并和我们一起工作,他还说自己喜欢这个村庄。"村长认为,只要对本地区抱有自豪感,敢于冒险,地区就能够幸存下来。

我还参观了山脚下的村庄,并学习了如何进行地区规划的方法。瑞士地区规划建设的做法是,由居民自己计划,自己组织委员会进行研讨,获得预算,邀请顾问征求意见,并从政府和相关组织汲取智慧开展地区建设。居民是行动的主体和主要力量。

1994 年秋天,时值瑞士访问已过去整整 5 年。杉下村塾的参加者中有人提出,智头町缺乏地区建设的宏观设计。当时,由于几年前智头町町议会议长选举中发生了违法事件,随后县议员选举中多个智头町议员被捕。居民对居住在智头町感到难堪,内心有种羞辱感。必须改变智头町的气氛。作为一个居民,我感到参与地区建设是我的使命。

于是,我和智头町政府的已故町长助理前桥伍一以及总务科长一起就智头町的未来进行了沟通交流。然后,由前桥町长助理决断,于 1995 年 2 月启动了兼具员工培训功能的智头町宏观计划("杉托邦智轴建设")策划项目,花费了半年完成了以"my stage""your stage""forest stage"三部曲为核心的《地区活跃化计划》。

"零分之一运动"被视为宏观设计的支柱。为了运动的开启,1996 年 4 月,成立了由 5 名居民担任委员的"村庄振兴协调员会议",与政府职员一起开会讨论,并决定制订"村落版零分之一"的计划书和实施指南。该会议是受智头町町长委托举行的,讨论了如何才能以当地居民为主体制订地区计划等内容。一名委员提出:"我们已经为村庄奋斗了很多年了,但是却很难成为村落的主导,有什么好的办法没有?"也就是说,在过疏化和老龄化之中,村庄权力的代际交替进行得不顺利。于是大家凝聚智慧,决定另辟蹊径,使用别的团体未曾使用的"智头町认定法人"的标记。这不是法律上的法人,而是"视为法人"。下这样的功夫操作,是为了让智头町政府能够将其作为正式组织对待。实际上以智头町町长的名义签发的"零分之一运动"认定书中,这些词句都被包含在了其中。

终于,居民的地区规划有了实际性的进展。1997 年 4 月,93 个村庄中有 7 个村庄通过公募举手参加,运动正式开始。在这之前,居民们认为凡是与行政有关的项目都是由政府去计划的。受长年老习惯的影响，村落的事业原来只是将去年干过的事今年再重新申报一遍。也就是说，个人的想法根本无法被采纳。能够推翻这种观点的系统开始运转了。

8 "零分之一运动"的目的和意义

"零分之一运动"于 1997 年开始，是智头町的独有措施。这项运动旨在用从零（无）到一（有）的思维角度，去重新评估整个村庄和地区。有的地区有事业和活动，但却没有地区计划。与此相对，"零分之一运动"是从放眼未来 10 年看问题的眼光来制订地区计划，挖掘自己生活所在地区的特色，并将其作为一种宝藏，培育地区的自豪感。

之所以没有将运动的目标设置为"宝物"而设置为"宝藏"，是因为那样做就会陷入地区建设等同于造物，从而使得活动倾向于开发特产的缘故。我们的目标不是这样的，而是另有目的。例如，在早濑村，我们对葬礼进行了改革，建造了 5 栋亭子，利用这一场地增进人们的交流等，运动结束后设立自治会，制订了村落规约，并以此作为运营的标准。也就是说，它被认为是"宝藏"，是因为这一运动更重视的是人们生活空间的价值而不是物品的价值。此外，在中原村落，居民们利用休耕地建造了亲水公园，还建造了木屋作为森林疗法的基地进行运用。

总之，这些成果都是基于当地居民制订的计划得以实现的。居民们可以制订地区的目标，并集合外部和内部的力量将其变为地区的推进力。当被问及"零分之一运动"是什么时，可以回答，就是地区计划的制订。

"零分之一运动"在实施上有一个特点：在现有组织和团体之外，单独设立一个振兴协会，并把振兴协会作为一个包含各种既有团体组织的组织。之所以要展示这样一个双驾马车的社会机制，是因为根据上文介绍的"蚊帐"理论。地区的规范绝不是一根筋形成的，因此我们建立了一个假说，通过培育多种多样的团体，地区自然会选择对自己更有利的那一个。根据以往的案例，任何一个地区政策的出台，都必定会有相应的对策出现。也就是说，如果只有一个新的事业组织在运作，那么仅在此期间会有措施出台，以后就不了了之。我们不希望是这样的，而是选择了让按传统地区习惯进行的组织运营和根据基本计划制订事业计划再加以实施的振兴协会式可以进行比较的方法。

9 "零分之一运动"八策的要点

○命名为"零分之一运动"的意义

20世纪90年代，日本各地展开了争第一的地区建设竞赛。但是，每个地区的基础是完全不同的，所以即使争取到了第一，也无法培育出自豪感。竞争本身有多大意义？每个地区对于当地居民来说都是独一无二的。

如果把地区建设看作是"零和一的事业"的话，它就只牵扯到一部分人。将它命名为"零分之一运动"，目的就在于我们希望不管男女老少，所有的人都能够参与进来。

○**村落·地区（学区）振兴协会**

振兴协会是地区经营的舞台。成员结构以所有居民为基础，以由各组织的代表以及"村庄振兴志士（居民）"的志愿活动为中心。在 2008 年启动的"地（学）区版零分之一运动"中，我们成立了地区振兴协会，利用已经废弃的空置小学校舍作为地区活动的据点。

○**志愿者活动**

"零分之一运动"中，志愿者活动是无偿进行的。我们把瑞士的地区建设作为一个样板例子。简而言之，缺乏资源的瑞士旅游业是由志愿者支撑着的。居民有责任改善其居住地区的环境。据说瑞士的公民都是自发地种植花朵。

○**地区规划是自治的核心**

地区规划是由居民在振兴协会制订的。之前的地区规划一般以政府制订为前提，但在"零分之一运动"中，居民的一句碎语或一张便签也会被视为宝贵的意见纳进规划中。规划基于三个支柱：即"居民自治""地区经营"与"交流和信息"。

我们设置这些支柱的理由是为了分析 CCPT 的活动，并作为规划制订的理念。为了打造地区的自豪感，需要居民自己发挥才智，制订计划并加以实践。我们设想通过这一过程，地区的主体会诞生出来，也会培育出自豪感。

○**居民自治的观点**

把"零分之一运动"作为居民自治的孵化器。居民为了改善自己的居住地区，成立讨论会等组织，构建事业目标，从政府、相关机构和专家那里汲取智慧并制订计划，获取预算，共同流血流汗，致力于事业的成功。这一连串的活动就是居民自治运动。

○地区经营的观点

地区经营是指居住在该地区的所有人员（包括居民、行政人员和外地支持者）主动地经营该地区，充分调动地区内的所有人、物、事、技术、文化和社会系统等资源，将其转化为有价值的想法。虽然都是经营，但企业经营在于对利润的追求，而地区经营旨在达到当地资源价值的最大化。

○关于交流和信息

只有在尝试向外界开放时，我们才能客观地感觉到自己脚下这片地区的情况。自觉意识正是通过传播本地区信息以及通过与他人建立关系才得以产生。一旦确立了地区经营的概念，便会引发对该地区一切事物的兴趣，并引发起创造价值的运动。通过传播这一运动并积极去进行互动，该地区便能创造出新的价值。

○补助金和活动经费

实际上，自治能力在补助金行政中是不会得到发展的。正是因为我们怀抱愿景、怀抱理想去发展事业，才会产生成就感，才会培养地区的自治能力。通过稳定地区经营，实现可持续发展，其中最重要的问题就是如何确保资金。

10 地区振兴协会要成为居民自治的据点（支柱）

当智头町发生平成合并问题时，虽然在两次居民投票中赞同合并的票都以 51 对 49 胜出，但最终町议会还是选择了独立，町得以保留了下来。这让我强烈地感到，当我们将接力棒交给下一代时，我们必须把地区建设好，让后代认为将町留下来的选择不是一个错误。

未来，智头町的少子化和人口老龄化是不可避免的。但是，智头町按旧学区算，每个校区便有6个地区，而如果我们将至今为止以村落为单位的"零分之一运动"运用到旧学区单位的自治上，那么或许可以克服少子化和人口老龄化的问题。2007年秋天，我们起草了建立地区振兴协会（"地区版零分之一运动"）的企划案，并咨询了山形地区和山乡地区。特别是在山乡地区，利用"四面会议机制"的方法，我们邀请包括京都大学冈田教授、学生和研究人员参加，与居民进行了彻夜促膝长谈。当时的情况第二章会有介绍。结果，2008年4月，2个地区的地区振兴协会正式成立。目前，有5个地区成立了地区振兴协会，其中2个地区成立了一般社团法人。

这种类型的组织通常被称为"地区运营组织"，并像地区的救世主一般在全国范围内落地生根。但是，我也担心这些组织是否会成为政府的包工头，或者成为被政府利用的组织。如果是那样的话，那么它的自治功能则会瘫痪。反过来，我也担心这样的组织是否会变成一个牟利组织。战后，一些牟利团体以市町村为单位获取补助金，居民自治不但没能得到深化，反倒是强化了依附的体制。为了实现地区的可持续发展，我们需要一种既能够自下而上反映居民需求，又能够主动去经营地区的组织。

这些组织的负责人的年龄无关紧要，关键在于是否有和这片土地共同生活下去的愿望。只要有这种想法，自治能力就会得到提升，只要该地区有人就不会发生过疏的情况。相反，缺乏意欲、气力和想法的地区，会一成不变。以前，地区都是由政府进行运营管理的。要扭转这种局面，就需要那些有想法的人主动行动，参与到地区振兴活动中去。地区是一个由团队组成的社会。如果自己一个人做不到，就让整个村落一起思考。如果村落不行，就让整个地区一起思考起死回生之策。地区振兴协会的作用是作为居民自治的据点，为该地区灌入新风。

11 丰富人生的地区建设

杉万俊夫教授的"地区间（interlocal）理论"指出，某个地区实践的智慧会传播到其他地区。"地区间"意味着一个地区与另一个不同的地区是有关的。尽管是扎根于一个地区的局部智慧也有可能传播到其他地方。实际上，在瑞士的山岳地带获得的地区规划的种子已经穿越国界，在智头町得到了培育和传播。也就是说，全世界都有种子。地区既是"百花齐放"，也是"一枝独秀"。从其他地方找到种子并试着将其在自己生活的地方培养起来也是一种方法。

地区建设中既有主角，也肯定会有隐形的功劳者。我的一位原是政府职员的朋友就是这样一位隐形的功劳者。1983年我回到智头町时，曾经邀请他一起进行地区建设，他当时回答我"智头町干不来这事"。这位朋友就是大昌佳巳氏，我和他共同合作了多年。作为智头町政府的企划科长，他担任过"地区版零分之一运动"企划案、规约的制订以及议会应对对策的负责人，引导建立了地区振兴协会。在那以后的10年间，他以山形地区振兴协会事务局长的身份大显身手。

同样给予我莫大帮助的是智头町政府的酒本和昌氏。自2005年以来，他担任了与中国社会科学院的交流协调员，并在"北京·智头町果树林基金会"的事务局工作了10年。此外，当他听闻在乡下经营"小格麻理"面包店的渡边夫妇要搬到隔壁町去的时候，立马派两名工作人员到渡边氏那里，帮助他们迁入到了智头町。酒本氏作为企划科长还是内阁府的可持续发展目标（SDGs①）未来城市认证的主要负责人。

　　"零分之一运动"引起了人们的极大兴趣，接受外来视察自不用说，居民和政府工作人员也会赴各地进行演讲，站上当地的舞台，成为地区建设的主角。而且，我们会在每年3月的第一个星期日举行"零分之一运动活动发表会"，用PPT展示一年以来的活动。不管是谁都可以真切感受到地区的变化。地区建设已成为地区人力和财力资源的培养场所。

　　距离我们在智头町迈出第一步已经过去了35年。虽然我们高举"向地区吹入新风"这面看似不自量力的旗帜，但是当我们真挚地面对地区时，我们不断地发现了很多很好、很棒、很优秀的事物。地区建设对个人来说也是一处难能可贵的修行之地。

译者：章新荣

---

① SDGs：全称Sustainable Development Goals，即联合国可持续发展目标。可持续发展目标旨在从2015年到2030年以综合方式彻底解决社会、经济和环境三个维度的发展问题，转向可持续发展道路。

第二章
地区振兴协会与"创造性回归"

山乡地区振兴协会前会长

中泽皓次

为了搞好地区建设,鸟取县于1983年起开展了"本地振兴"运动。中原村落①以"零分之一运动"为支柱,团结村民,共同劳作,修整了亲水公园,还上山砍伐杉树,修建起了圆木屋。2008年地区振兴协会成立以后,我们以"新山乡村"为主题,将旧小学校园空校舍进行改造,利用旧小学原址开展了地区福祉活动。2019年,获得了期盼已久的一般社团法人资格,并开始着手旅馆的经营。

---

① 位于山乡地区中部最大的村落,"山乡站"就位于此处。

1 "寄人篱下"式的武者修行①

回顾一下自己 70 年的人生，我发现村子发生了巨大变化。说实话，我以前从未有过要把中原村落怎么样的想法，只是追随时间单纯地生活着，并没有什么特别的感觉。比方说，当银行等公共机构一家家撤离村落时，透过白纸黑字的告示，我知道它们要离开了。如果地区没有了这些机构，尽管刚开始时感觉就像掉了牙一样，觉得空荡荡的，但时间久了也就习惯了。一般人拔牙后一段时间内都会感觉不适，但之后只要避免舌头触碰牙床，甚至都不会意识到自己牙掉了。古谚语有道："世间传言七五天。"人去世后，就算有什么流言也仅会留存七五天，随后便会被人彻底遗忘。

小的时候，因为我在附近的玩伴中年纪最大，所以做什么事都担任指挥者的角色。我一直认为：朋友至关重要，有朋友助力，诸事可成。正是在我结交的众多好友的帮助下，才有了如今的我、如今的中原村落和如今的山乡地区。

初中毕业后在名古屋的 6 年经历对我影响很大，为我的成长打下了基础。当年我在智头中学的同级生大约有 400 人，如今可以说每个人都走上了自己的人生之路吧。其中半数的同学都是顶着那顶所谓"挣钱的金蛋"②的帽子就职于京阪神③地区的。

那个年代，就职等重大决定是需要父亲许可的。父亲希望我

---

① 指为了磨炼学问和技艺而离开家乡的修行。
② 指日本昭和时期（二战后期）支撑日本经济高速增长的年轻工作者。
③ 是京都市、大阪市和神户市的合称，或指以这三座城市为中心的近畿地方的大都会区。

毕业后能进入鸟取县内一家私营巴士公司工作。然而，临近毕业时挚友的一句"哎，要不要一起去名古屋看看？"让我决定去名古屋闯闯。但我必须获得父亲的许可。因为我是家里的长子，而且将来也打算回到中原村落，父亲就允许了，并嘱咐我："既然好不容易去了，就好好干5年，积累了经验再回来吧。"

叫我一同前往名古屋的挚友工作一年半后就辞职了。于是，我便向家乡的两位后辈打招呼，让他们也来名古屋打工。现在说出来也没有人追究责任了，当年我还是个坏小子的时候，曾经偷偷摸摸溜进人家的葡萄园，偷了满满一袋葡萄，将肚子塞满了之后，把剩下的藏进了壁橱中。没想到葡萄竟然发酵了，光消毒收拾就费了很大工夫。

在名古屋的修行磨炼，让我得以变成现在的自己。可以说，名古屋时期就是我的人生起点。"寄人篱下"是一段无可替代的珍贵体验。那时我寄住在师父家，一边工作一边学习社会经验。师父是个建材商，我也帮着他做这方面的工作。我热爱这份工作，每天跟随师父前往客户家进行商谈。商谈结束后，师父径直回家，我则和朋友两人留下来，帮助客户干些活。最初我的身高只有150厘米，搬运木材十分费力，还得忍受肩膀肿胀的疼痛。5年后，我足足长高了20厘米，体格健壮，也更适合搬运木材了。

在我多愁善感的年纪，得到了师父严格的经商入门指导。在没有工作的休息日里，我要负责准备师父家一周的柴火。这些都变成血肉融入我的骨子里。3年后，师父就可以放心地把工作委托给我了。从采购到订货、拜会客户等，我俨然已成为师父的左膀右臂。在生活上也是如此。因为我和师父师母很合得来，所以颇受他们关爱，也品尝到了人间的情义。

没想到就这样我在名古屋一待就是6年，直到有一天父亲打电话来催："赶快回来吧！"1970年我回到了智头町。其实就算没有父亲催促，我最终也还是打算回到家乡的。

在名古屋，我收获了无比珍贵的体验。虽然挚友的离开使我感到寂寞，但后辈的陪伴缓解了我的孤独，让我能继续坚持下去。现在回想起来，我在名古屋的历练正是应了所谓"趁热打铁"这句话。我也遇见过很多高学历的人，其中有些人尽管英语说得很流利，但总是以自我为中心。这种人最终也只会像白粉①从脸上脱落一样失去信用和人们的信赖。要在地方这所人生大学合格并非易事。人们表面上沉默，但内心看一个人是不是个人物还是看得很清楚的。名古屋就是我的人生道场，我在这座道场中与有缘者相遇、结识、相互扶持，完成了我的武者修行。

2 在青年团活动中结缘

回到智头町后不久，我应邀加入了青年团。尽管我对青年团活动的运营提了很多建议，但由于我是新人，这些建议并未得到采纳。有时当意见直接对立时，就会演变为吵架甚至动手。被打就不能认输。因此，那些吵架打架对我而言不仅是苦涩的回忆，也是决定自己人生的美好记忆。

当时的青年团活动种类丰富，我参加过智头町各地区间的对

---

① 为美化皮肤所用的化妆品。

抗性球赛、田径赛、戏剧和合唱比赛。活动的宗旨就是"成为地区的润滑油",也就是让每个人心里都认为对自然、对地区作出贡献是理所当然的。仔细想一想,那时的青年团活动正是如今村落建设的起点。总之,当时不同小学学区①间的竞争意识十分强烈。我尽管在体育竞赛、文艺活动等方面都是个彻头彻尾的门外汉,但在工作结束后也会到小学的体育馆内练习排球。因为面对那岐地区和土师地区实力强劲的对手也不想输,所以我练习得分外投入。那时一同练习的伙伴如今也都成了地区建设的一员。

我有一个动不动就想动手打架的毛病。有一次,由于和藤原繁美君之间发生了摩擦,才让我决心改掉这个缺点。藤原君比我小两岁,是排球队里的扣球手,与担任二传手的我是搭档。有一天他对我说:"跟我来一下,有件事情要和你说。"于是我们一同去了山中。因为藤原君是个身高超过180厘米的壮汉,我也做好了与他打架的思想准备,但没想到他竟然开口让我答应他一个请求。他当面对我说:"小皓,以后能不能不要再打架了?"他的忠告让我感动,没想到他如此在乎我,同时也让我陷入了深深的反省之中。1975年以后,我彻底不再打架了。如今藤原君已经去世了,但他的那句话却改变了我,让我变成了一个稳重的人。真是"一言千金"呐!

如今再回过头想想开始打排球这件事情,从广义上看,既可以说是培养人才,也是在振兴村落。

当时,选手们辗转于智头町各地区②的旅馆,轮流坐庄,举

---

① 教育委员会设定的就学区域,指定该区域内就读于公立小学的学生应上的学校。

② 智头町内共有6个地区,分别为智头、山形、那岐、土师、富泽和山乡。

办两天一夜的青年大会。1971 年我担任山乡地区青年团长时，正好轮到山乡地区坐庄。借着讨论大会流程的机会，结成了以各地区团长为中心的五六人组成的亲睦会①，我们也称其为"兄弟会"。此后的四五年间，我们互帮互助，共渡难关。通过青年团，我找到了自己的伙伴。起初，青年团中清一色都是男性，所以我邀请了一些女性参加，一时间女性团员的人数几乎要超过男性，所以青年团成了男女混合团队，举办各种活动也变得轻松了。我们除了正月，几乎每天都聚在一起，讨论地区的事情，夜里一起去钓红点鲑②和马苏大马哈鱼③，一起喝酒谈心。

我早就有意广结好友，感觉到通过与他人的交往来获得力量是必要的，因此我召集山乡地区的长男，创立了"山友会"，现在共有 13 名成员。我们每两月聚一次，一起庆贺新年、赏樱花、吃烤肉、举办忘年会④等，四季各有其约。

之后我加入了消防团⑤，孩子上小学后又加入了该校的 PTA⑥，有什么事情总是积极去参加。我在山乡地区尤其幸运的事

---

① 为了增进互相之间的关系而举办的联欢会。
② 鲑形目的淡水鱼，分布在本州夏季水温仍在 15℃以下的清冷溪流中，味道鲜美。
③ 鲑形目的鱼，分布在中国台湾和日本北海道、本州、九州一带的溪流中，味道鲜美。
④ 年终联欢会，为忘记该年度的辛劳而在岁末举行的宴会。
⑤ 市町村的自治性消防机构。
⑥ 全称为 Parent-Teacher Association，是学校组织的由家长和教师组成的社会教育相关团体。

也许是创立了"山友会"。我现在担任该会的名誉会长,干事人选由成员中的两人为一组,通过选举或者抽签①来决定。我们的联系一直保持到今天。"山友会"并不是讨论村落建设或者"零分之一运动"的场所,而是山乡地区一个宽松的人际关系网络。

此外,冬天的时候,我连续20年用除雪机为村里除雪。下雪时我每天早上三点半起床开始扫雪,到了七点再去上班。这样做并非出于什么了不起的目的,只是想好不容易买的机器不能浪费了。因为除雪机只有一台,所以一直是我一人操作。在我开始除雪之前,村落里80户左右的居民每家要出车,必须扫去将近10米左右的雪。一到下雪天,村内喇叭里就会广播"请扫雪"的通知,各家各自清扫自己负责的区域。这是非常辛苦的体力劳动,因此1996年村落集资购买了一台除雪机。有一位奶奶看到我在除雪,就开心地说:"水户黄门②再显了!"现在另一位朋友也加入进来,我们两人轮流做。除雪是很重的体力劳动,我把它当作自己的使命来完成。村落中的伙伴们也与我默契配合,分担一些自己能做的事情。既然住在这片土地上,我想就应该默默地主动承担一些自己力所能及之事。

---

① 在日本称作阿弥陀签,是一种游戏,也是一种简易的决策方法。
② 是曾任水户藩藩主和中纳言(汉化名为黄门监)的德川光圀的别名。他的主要成就在于:整理领内新设寺院,实施劝农政策;礼聘明末学者朱舜水,传授实学;创设彰考馆,编纂《大日本史》;推动水户学的形成与发展。

3 地区的纽带：儿童会[①]和观音堂

旧山乡村与智头町合并（1954年）前，当时担任教育长[②]的老前辈是个热心人，他热忱地筹备中原儿童会的活动，包括挨家挨户收集1000日元儿童活动经费。之后，继任教育长也同样热忱，积极为孩子们奔波。我的孩子上小学后，我担任PTA干事（1984年左右）期间，开始接手中原儿童会的工作。夏天，我们举办纳凉祭，绽放烟花，欢度乞巧佳节；冬天圣诞节时，则化身为圣诞老人，为孩子们集资购买游戏机和玩具等礼物，挨家挨户上门赠送。年轻的一辈聚在一起，商讨方案，不断开展活动。这些都成了此后大家"心怀我村"之本。渐渐地，大家一起参加集体活动也变得毫无阻力了，而我也见识到了集中意见与智慧所能迸发出的巨大能量。

虽然村里剩下的都是老年人，看不到年轻人的身影，但孟兰盆节时大家还是会聚集到观音堂的广场上跳孟兰盆舞。现在，离开村落的年轻人会在孟兰盆节和正月里带着孩子回来。为了鼓励他们回村，我们每年都定期在观音堂举办纳凉祭。为此，大家分头行动，做美味的乌冬面、炒面、刨冰，还摆出各式各样的义卖品，做一些精彩的游戏，还有奖品丰富的抽签活动，让孩子们高兴。如果孩子们玩得开心，明年还会想再来爷爷奶奶的家。中原村落的观音祭祀仪式从前就很有名，每年8月17日举行，各地都有客人前来参拜。但是，因为8月17日是孟兰盆节结束后大家返城的日子，

[①] 为了促进儿童成长而成立的地域性自治组织。
[②] 教育长既是教育委员会的一员，也是教育委员会的事务执行负责人。

8月观音堂纳凉祭

所以我们便将祭典举行时间提前到了 8 月 15 日[①]。

另外,我们不仅在村落里发放村里制作的宣传册,也向离开中原村落到东京、大阪等地居住的亲戚们寄送了 300 本左右,告知他们村内的情况。此外,因为观音堂的广场是一个"休憩的场所",不便于开展大型活动。为了能隆重地举办纳凉祭,1996 年以年轻人为主力,大家志愿出工出力对广场进行了修整,拆除了台阶,方便轮椅出入。同时,因为和尚休息用的小屋也很危险了,所以在没有通知对方的情况下顺便将其拆毁了,结果遭到了和尚的斥责:

---

① 中原村落的盂兰盆节的时间为公历 8 月 13 日至 16 日。有些地区为公历 7 月 13 日至 16 日。

"中泽皓次君将无法被超度。"

为了促进女性参与村落建设,妇女部创立了秋英会。该会开展了"花满村"运动,志在将中原村落打造成为铺满鲜花的村落。她们沿着国道①,将三色堇和万寿菊等花盆摆开,并细心呵护。如此一来,女性们之间的情谊也加深了。她们还一同去温泉旅游,以增进彼此之间的和睦。

这些成就让大家信心满满。这时,年轻人中有人发出了"村落的公民馆②老朽了,是否考虑重新改建"的呼吁。此外,观音堂的茅草屋顶也要更换了。之前茅草屋顶每20年必须更换一次,一直都是我们自己出工出力更换的。但村内只有80户人家,一到更换屋顶时,每天需要10个人参加劳动,分成上下午两组,每人每周必须参加两天,同时还不能落下自己的工作。这项工程太过费力,大家都有些为难。如果能在茅草屋顶上再盖上一层不锈钢薄板,就不用那么大费周章了。于是,我们提出了中原村落要解决的两大课题:将观音堂的屋顶换成不锈钢板和重建公民馆。

4 跨出地区建设的第一步

1983年,鸟取县西尾知事③上任后,提出了"本地振兴"的

---

① 日本全国性的干线道路网,连接都道府县町所在地及重要城市的道路。

② 为进行教育和文化等各种事业,日本市町村为本地居民设立的社会教育设施。

③ 都道府县的长官,统辖、代表该都道府县并管理都道府县的事务及权限内有关国家和其他公共团体的事务。

口号，各町各村都开展了重新审视地区自身特性的运动。时值1985年鸟取县承办第40届全国国民体育大会①之际，智头町也被认定为空手道的赛场，町内一片欢腾。为此，山形地区新建了空手道比赛用的体育馆，但场馆只在大会期间派上了用场。另一方面，有很多家庭表示，自愿将自己的住宅作为临时民宿，接待运动员选手。其间，我们环顾了一下，看看有没有可以作为智头町特产的东西，结果一无所获。于是便在开始着手创造特产的山形地区做了一些纪念公民馆活动的图片展，还结合本次体育大会，设计了用杉树雕刻的吉祥物。

位于智头町最深处的八河谷村落用智头杉建起了圆木屋，提供了举办国际交流项目的好场地，也吸引了众多游客，成为年游客量达到1万人次的"杉木之村"。借此契机，我的一位熟人也开始做木工产品，制作并销售以杉树为原料的图画绘本。

于是，我也萌生了能不能在中原村落搞村落建设的想法。1993年，作为村落建设的一环，我们邀请了"杉木之村"建设工程的核心人物寺谷笃志氏来为村落的年轻人做经验分享会。用他的话说："总而言之，村落建设首先是自己要迈出第一步。"这句话始终清晰地刻在我的脑海中。受其影响，我们以年轻人为中心制订了"中原村落振兴计划"。该计划的内容是：在村落北边溪流旁的休耕田上建造亲水公园；村里人慢慢都老龄化了，需要购买一台除雪机；还需要再购买生活所需的精米机和剪枝机；此外还有更换观音堂的茅草屋顶和重建公民馆这两项大任务。这些任务我们决定一件

---

① 日本每年在不同的府、县召开的国内综合体育运动会，分夏、秋、冬三季召开，此次在鸟取县举办的是夏、秋季运动会。

一件地去完成。

其中，重建公民馆需要大额资金，单凭村落的力量实在难以实现。于是，我们打听了一下，看有没有合适的补助金制度。都说"术业有专攻"，最后还是搞行政的职员发挥了作用，帮助我们申请到了鸟取县的补助项目，并得知一年前，隔壁的白坪村落和新田村落就通过该项目获得了5000万日元的公民馆建设补助。我们想当然地认为，中原村落也能成功通过申请，就制订了计划。但在计划提交后的第二年，我们才得知原来申请该项目需要得到鸟取县对本村落实际成绩的认可。没办法，我们只能更换方案，最后与智头町交涉后，决定通过町发行的债券来获取资金。尽管如此，中原村落还必须承担工程费用的一部分，大约需要1000万日元。这笔费用数额巨大，对我们村落来说实在是一个不可能的数字。而且，旧中原公民馆属于山乡财产区所有①，要推倒重建，还必须得到地区内居民的同意。

虽然现在村官上任是通过选举或轮换等方式进行，但以前是有钱有势的长老们②把持着村落，掌管一切运营事务。想要重建公民馆，就必须在村落大会中通过。因此，我专门去拜访村落大会的议长，还不能空手去，就带了瓶酒，一边喝一边请求他通融："年轻人提了重建公民馆的想法，我来负责推进这个项目，所以请您助我一臂之力！"之后，我又厚着脸皮去拜访其他权贵，做了事先疏通。

---

① 特别地方公共团体之一，市町村或特别区的一部分，拥有管理、处置该地区内财产或公共设施的职能。

② 经验丰富的老人，在村里担任指导地位。

村落 80 户人家中也有表示质疑的：为了重建公民馆，为什么非得让我们拿出 1000 万日元的巨款呢？我请议长替我解释并做主：怎么说这也是为了村落好，就让年轻人们干吧！我还拜托议长，就算有反对意见，也要坚持进行表决。经过一番周折，1000 万日元地方负担终于得到了以长老为首的居民们的认可，一切准备就绪。这样，村里年轻人的第一次事业正式启动，他们也总算在中原村落中找到了自己的位置。

5　本家①、分家②、寄留户③

凭着满腔热情地向智头町政府请示以及积极开展村落建设活动，我们的努力奏效了。公民馆的重建得到了山乡地区和村落长老与实力派的理解。1995 年 7 月，当公民馆的土建基础工程完成后，鸟取县又重新启动了"悠闲的村落建设对策项目"，并第一个批准了中原村落的规划，决定给予补助。经历几番波折，中原村落建设的据点"中原梦来馆（公民馆）"终于在 1996 年 3 月完工了。通过这件事情，我也得出了一个经验：在中原村落和山乡地区开展新项目前，要先向长老、实力派人士和国会议员打招呼，这样事情才容易办妥。

要做这些事情，还需要有一个能供多人谈话的场所。我正好

---

① 嫡系，指一门或一族的中心家系。
② 家庭中的一员离开其所属原家庭后新组成的一个家庭。
③ 在日本的旧法令中指在原籍以外的地方连续居住 90 天以上的居民。

在村头有一间 6 张榻榻米①大小的小木屋。我在小屋内建起地炉，让其变成大家可以无拘无束进行交流的沙龙。进来坐下以后，就像在茶室里一样，在场者不在乎彼此地位的高低，就算是权贵，也可以毫无顾忌地与之交流。我还会亲自下厨招待客人。尽管来访者包括各种人等，但我觉得这样的场景营造还是很有必要的。

观音堂屋顶的修缮是另一大课题，粗略估计也需要 1000 万日元。但是，政府公用补助金不能用于宗教设施，除了公民馆，还需要另外 1000 万日元，即使凑够 100 人，也无法凑齐这笔巨款。为难之中，我们将目光转向了中原村落的共有林②。得到了长老的准许后，我们在属于中原财产区的 268 町步③森林中砍伐了 8 町步的树木。因为正赶上木材价格高的时候，最后卖出了 2000 万日元的好价钱。

当时，村落内有人提议分配卖木材的所得。但村内分配是有规则的，且并不平等。这条规则将村内居民分为了"本家""分家"和"寄留户"。很久以前就一直在村落中有财产与家庭的人能全额获得应得的份额，但之后进入村落的人只能分得平均额的 20%～30%。等级每 4 年重新考核一次，每次只能升高一个等级，"寄留户"要成为"本家"需要 40 年。这样一来，非"本家"的人很难有上进心。因此，我们重新对成为"本家"的方法进行了改进。

那就是在开村落大会时，首先有人提出"希望让某某人成为

---

① 日本用以度量房间大小的量词。1 张榻榻米的面积为 90cm×180cm，6 张榻榻米的面积为 9.72m²。
② 指多人共有的森林。在日本，大部分森林为村落共有。
③ 日本度量衡制的面积单位。1 町步等于 1 平方町，约合 9920m²。

'本家'（继承人）"的建议，如果会议通过，某某人便可以成功跃升为"本家"。成为"本家"就意味着可以在村落的各项工作中担任要职。如果是按以前需要40年的升级制度，将会导致"本家"长老长期处于支配地位，村落会被墨守成规绑架，陷入没有活力的僵局。因此，即使是开展项目，我们也需要尽量设法放宽挑选干部的条件，将移居者看作同伴，为他们在村落里发挥作用提供机会，让他们承担相应的责任。在此之前，年轻人们就曾讨论过要重新审视"本家"制度，认为肯定会为村落带来活力。虽然这个提案并没有简单地通过，但却成了认可人才的契机。就这样，年轻人渐渐得到认可，以前只有村中长老才可以担任的职务也开始出现了年轻成员的身影。

6 建设宜居的中原村落

从1993年起至1994年，依据鸟取县补助项目——"促进林业村落建设项目"，我们制订了《振兴中原"梦来"[①]建设计划书》，其中提到了横濑谷亲水公园建设、植花运动、老年人家庭[②]紧急联系网（安全联络网络）以及购买村落所需的除雪机和精米机设备。此外，还提出利用"温馨村落建设项目"，扩充中原梦来馆的备用品，修整观音堂广场（庭院、栅栏和照明灯具等）的计划。

要完成以上这些工作，必须组建一支行动队。幸好观音堂儿

[①] "梦来"在日文中读作mura，与"村"同音，意为村落。
[②] 指仅由65岁以上的老人构成的家庭，也可以包括18岁以下的未婚未成年人。

童会、山友会的成员们挺身而出，担任核心角色，建立体制，团结众人，通力合作。最后，我们终于如愿以偿地重建了公民馆，并更换上了彩钢的观音堂屋顶。我们切身体会到，个人的力量虽然微不足道，但团结起来便能成事。小小的行动队仿佛是一家"中原村落人才商行株式会社"，发挥出了村落的潜力。

然而不论取得的成绩有多大，村落的主导权依旧把握在长老手中。无论多么有益的项目，也必须一一去询问长老，获得他们的认可。我对这一点有深刻感受：这就是村落的现实吧。1996年4月，当这样的感觉越来越浓烈之时，智头町决定开展"零分之一运动"，特来询问我中原村落的实际情况。实际上，这是受智头町"零分之一运动村落振兴协会联络会"的委托来咨询的。借此机会，我和推动该项计划的智头町公务员前桥登志行先生（已故）和寺谷笃志先生等讨论了智头町的建设和地区、村落的未来。我如实道出："说实在的，就算为村落做这么多事，也很难得到认可。"寺谷先生回答我："用'零分之一运动'来让他们心服口服吧！"尽管我对此只怀有半分期待，但还是持续关注着以"零分之一运动"为标志的村落振兴协会活动的开展。

1997年，"零分之一运动"正式拉开序幕。山乡地区中新田村落和白坪村落都加入了这项活动。当我与中原村落居民商量是否参加该企划时，得到了等"温馨村落建设项目"结束后再参加的回答，大致上就是同意参加了。此时，大多数成员都已经感觉到，接下来将是开展"村落版零分之一运动"的时刻。

7 "村落版零分之一运动"与人工建造亲水公园

为了进一步改造中原村落，我们从 1998 年起开展了"村落版零分之一运动"。我和骨干成员一致认为，村落要获得新生，现在可能是最好的机会！村落好不容易因为中原"梦来"建设工程的实施开始有了点劲头，有必要继续保持这股势头，乘胜追"机"，创造出更大的活力。而这个机会就在当下，不容错过。当时正好是以智头町町长的名义来落实"村落版零分之一运动"的认定工作，于是我们将中原村落振兴协会认定为智头町的法人。该认证对村落的发展而言意义重大，直觉告诉我，这次可能成功。

"零分之一运动"与其他的补助工程大不相同，其特点在于由申请人自行制订并负责实施未来 10 年的计划。我们村落依靠迄今为止村落建设的智慧和经验制订了以"横濑谷亲水公园"建设为中心的计划。我几乎要相信"村落版零分之一运动"就是为中原村落量身定做的了。

亲水公园的用地整顿完成后，村落内外的人开始光顾，利用这里的烧烤屋和户外厨房野炊。2002 年夏天，我们接受了来自鸟取环境大学吉村元男①研究室的请求，协助其举办了若叶台小学②亲子间伐③体验活动，和孩子们一起在中原共有林中体验了剪枝机

---

① 日本园林设计师、环境艺术设计师，曾任鸟取环境大学环境情报学院环境设计专业的教授。
② 此处指位于鸟取县鸟取市若叶台的鸟取市立若叶台小学。
③ 指伐掉一部分树木，保持适当密度，以促使主要林木发育的砍伐方式。

器人的工作，举行了锯木比赛①，并在露营地品尝了流水素面②。2003年，吉村老师和若叶台小学向我们赠送了用当时的间伐木材制作的圆屋顶，后来我们又在里面手工建造了五右卫门澡堂。

圆木屋建筑一期工程是亲水公园露营地的核心工程。2005年秋季至2007年7月期间，我们从山上运下150棵间伐树木，完全靠人工完成了这项工程。参加圆木屋作业的工作人员共计460人，投入工作时间长达28天。这是一项危险的重体力劳动，因此至今还能清晰地回忆起当时的情景。记得那时最担心的事就是有人受伤，所以拒绝饮酒者和碍事者参加劳动。为了避免受伤，有时还会严厉地劝大家"别干了，快回家吧"。因为如果出现伤员，就会出现闲言碎语："看看吧，有人受伤了吧！"工作也会被迫中止，所以我们非常小心地注意不要出现伤员，紧张有序地向前推进工程。遇到危险系数高的工作，我会主动承担。最终，在无一人负伤的情况下，工程顺利完工了。圆木屋的建成是全体参与工作的成员的汗水、泪水以及对村落的喜爱与自豪的结晶。

从建造圆木屋开始，村落里的女性们也开始参与进来。圆木屋建造工程复杂，我们需要先将砍下的间伐木运到中原神社前，组装一次后拆掉，最后再运往"横濑谷亲水公园"处。一开始中饭是各自回家解决，其间，村里的有志女士看到男人们努力的身影，也想做些力所能及之事，就开始为大家制作咖喱饭和盖饭等。自然而然地发生的这一情节增强了中原村落在"零分之一运动"中的向心

---

① 单人或二人一组使用锯子切割圆木，用时短者为胜。

② 是一种将面条放在竹制的桶里漂流着，用筷子夹取的饮食方式。可算得上是日本夏天的风物诗。

力，村落也因此变得更加团结了。

圆木屋建设工程共耗资 175 万日元，财源细目如下：96 位村民捐款 73 万日元，绿化促进委员会资助 10 万日元，露营地收入 5 万日元，自有财源 87 万日元。2007 年 7 月 21 日举办了圆木屋的竣工仪式。在初夏耀眼的太阳照射下，亲水公园一片欢声笑语。

居民们就这样亲手搭建起了亲水公园，公园渐渐地成为一处绝佳露营地。之后，依据大家的意见，我们依次逐步完善了以下工程和设备设施：烧烤屋→户外厨房→五右卫门澡堂→洗手间→桥→圆木屋→"木桶之家"①→树屋②→冲水式净化槽。

1998 年至 2008 年的 10 年，对中原村落来说可以说是实现了历史性突破的 10 年。"将村落建设好，为未来的子孙打造一个有益的村落"是大家的共同心声。在此基础上，我们敞开心扉，与外界的人们积极交流，将原本封闭的村庄大门打开了。我们的梦想是，将中原村落建设成为森林疗养基地，迎接来自村落内外的游客，让村落变成一个光彩夺目的地方。我也期待着，村落能由此创造出共同财产，使经济循环起来。

8 向"地区版零分之一运动"迈进

经历了长达 10 年的"村落版零分之一运动"后，为了发起"地区版零分之一运动"，我四处找人商量，但应允者寥寥无几。我

---

① 提供给想要移居、定居智头町的人的体验住宅。采用智头杉木制作而成的圆木屋，春天能摘野菜，夏天能在凉爽的小河中游泳，秋天能品尝到甘甜的木通（野木瓜），冬天在穿着雪靴徒步旅行后，能在火炉旁烤火取暖。

② 建在树上的房子。

寻尽人脉，也因运动发起方不属于正式组织而被拒之门外，局面一度很难打开。当时根据财产区法，我正担任该法所授权的山乡财产区议长一职。为了启动"地区版零分之一运动"，我遍访各村落的财产区议长，逐个做说服工作，让他们按下了印章。最后，再盖上山乡财产区议长的印章，上报智头町，就算有了组织形态，并宣示成立山乡地区振兴协会。这实在是有点冒进的行为了。由于有地区居民负担的费用会从财产区的预算中支付，可以支付10年的承诺，所以最后总算得到了智头町的批准。而且继"村落版零分之一运动"后，山乡地区振兴协会也被认定为智头町的法人。

从2007年秋季到2008年冬季期间，如前所述，为了集中精力创建山乡地区振兴协会，智头町的公务员和京都大学的冈田宪夫教授①、寺谷笃志先生等给予了我们莫大的支持与援助。我们请冈田研究室的城下英行君和罗贞一君等研究人员专门到山乡地区进行了访谈调查与统计数据分析。2008年1月，京都大学冈田研究室在新田村落召开了为期三日的研讨会。与会成员除了杉万俊夫教授②、建筑咨询师协会的奥野副会长以外，还有30名左右的研究室年轻成员和当地居民。大家利用10年后的人口估算、SWOT分析③

---

① 当时正担任京都大学防灾研究所的教授。

② 日本社会心理学家，担任九州产业大学人间科学部教授（理事、院长）、京都大学名誉教授。

③ 又称强弱危机分析，是一种企业竞争态势分析方法。通过评价自身的优势（Strengths）、劣势（Weaknesses）、外部竞争上的机会（Opportunities）和威胁（Threats），用以在制定发展战略前对自身进行深入全面的分析以及竞争优势的定位。

和"四面会议机制"①,围绕山乡地区的未来前景展开了讨论。令我印象最深刻的是当地居民见到10年后的人口估算数值时所表现出的愕然神色。他们不得不去面对这样的现实:自己脚下的村落和地区正在不知不觉中走向衰退,以及之前从未意识到的人口过度稀少。人们好像突然明白了,原来自己就是"温水煮青蛙"中的那只青蛙。

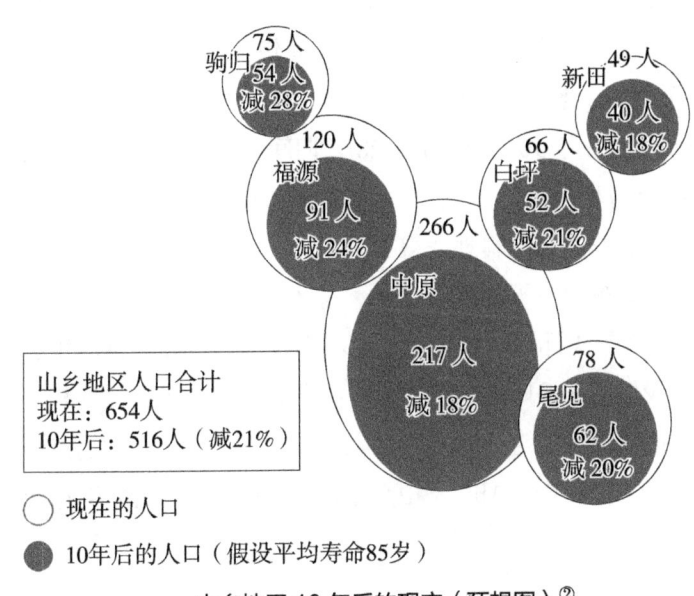

山乡地区10年后的现实(预想图)②

冈田教授给对我们提出了这样的建议:是否考虑将山乡地区

---

① 由寺谷笃志提出的会议讨论过程中氛围的营造以及参会成员间信息交流的方法。

② 数据来源于2007年住民基本台账(制作:坂本诚 鸟取总研)。

内的鸟取自动车道①福原停车场（PA）改造为防灾基地或公路服务区呢？同时，泽田廉路②先生也寄来了一幅展示"公路服务区"未来前景的画像，这给了我很大的震动。2008年3月，志户坂峠道路③开通至智头交通中转站，福原停车场也正式营业了。7月，山乡地区振兴协会在与福原停车场相邻的城镇土地上举办了第一场活动——新山乡村开村节。200名当地居民参加了消防团举办的以防灾为主的操作训练、救生讲习和煮饭赈灾训练等活动。

然而，山乡地区振兴协会直到2012年3月山乡小学停办后才正式启动。2012年10月26日至28日期间，日本村落研讨会以小学校址为会场举行了学术会议，参与者达170人。会后的联欢会中，女性们制作的当地料理获得了来宾的一致好评，这也为此后她们经营农家餐馆埋下了伏笔。

从2013年4月起，随着旧山乡小学校园内设施的再利用和对外开放，我们与智头町签订了协议，并制订了使用校舍楼的相关规定。山乡地区振兴协会事务所与三家店铺，即山乡食堂"老鼠与饭团"④、点心工坊"小栗班"、山乡木制手工品店"人与木"搬进了

---

① 指起于兵库县佐用町佐用的公路交通道网，经冈山县至鸟取县鸟取市鸟取立交桥的高速公路。

② 本书编著者之一，文末会有详细介绍。

③ 指途中从西粟仓交流道以南0.5公里处至智头交流道间的高速自动车国道的代替路段（并行一般国道快速道路）。

④ 该名称出自日本的一则童话故事。该故事讲述了知恩图报的老鼠与一位善良的老爷爷及另一位贪婪的老爷爷的故事。此外，日本还有一家1960年创办的名为"老鼠与饭团制作株式会社"的食品制作公司。

校园内。2014年3月30日，原山乡小学校园以"R373山乡"①的名称获得了新生，重新开业。2016年人才培训公司"Relier株式会社"②、呼叫中心"网络信息中心株式会社智头联络中心"③也相继迁入校园，慢慢地开始有租金入账了。

9 绘制山乡蓝图

智头町对山乡地区振兴协会的补助金于2018年3月停止了。只要人们还生活在这片土地上，地区就会存续。我们还得以"R373山乡"为据点，去开展一些具体业务。为了让地区持续发展下去，我们需要思考如何才能独立地开展"地区经营"。

今后的梦想是在"R373山乡"中建个澡堂，把它做成一个不大不小的福祉沙龙进行运营。作为老年人日间护理服务④的一环，居家护理的老年人每周可以来泡澡3次左右。泡完澡后可以在农家餐馆"老鼠与饭团"里一起享受午餐，之后以沙龙的形式轻松愉悦地进行交流。要实现上述愿景，澡堂是必不可少的。我们想将山乡地区建设为世外桃源，让居民们有一种住在这里真好的感觉。当

---

① 旨在有效利用原山乡小学校园的组织。"R373山乡"中，"R"代表"Renewal（更新）"，"373"在日文中可读作"みなさん（大家）"。

② 2016年1月28日自大阪市迁入山乡地区。主要事务包括：人才培训、福利保健、木制商品的设计开发与销售、协调地域资源利用、职业训练教育等。

③ 是"网络信息中心株式会社"在山乡地区开设的联络中心，旨在构建并运营使用电话、网络、短信和传真等复合型交流方式的多渠道联络中心。

④ 指居家护理的老年人白天到特别养护老人之家等机构中进行的泡澡、饮食、娱乐、日常动作训练等护理。

然，澡堂的燃料是木柴，需要去山上砍柴。那么可不可以雇人做这份工作呢？设施建成以后，还需要能接送山乡地区居民的公交车。我心里暗想：有没有人愿意捐赠一辆载客 10 人左右的小型公交车呢？有了这样的公交车辆，还可以用于森林疗养和购物。司机轮流雇用当地人就好。可以不考虑全职司机，只是雇用几个能够有大约两小时的便利时间来驾驶公交的人就行，将他们编组，可以保证一天的运营。这样，尽管程度微弱，也能创造出本地就业的机会并获得收入。

还有一个梦想，就是想利用这些已经到位了的培训设施，开展 50～60 人的培训项目。而且，还考虑再新建一个带浴缸和卫生间的管理人房间，向全国招募管理人，以加强对旅馆的管理。如果按照这种设想把澡堂和旅馆配套以后，不仅能创造本地就业机会，当地农产品也能自产自销，经济也会循环起来。这样，小规模的独立的"地区经营"还是有可能实现的。

中原观音堂

就这样，按照我们的想法，把福祉沙龙的构想给大家进行了耐心说明之后，一间可住4人带浴缸和卫生间的客房完工了，2019年春季开始正式投入使用。

10 让"幸福"在地区中传递

回顾过去的30年，连自己也感觉完全走上了一条出乎自己意料的道路，其中包括完成了以下工程：观音堂祭典→林业村落建设→"村落版零分之一运动"之中的"横濑谷亲水公园"建设→"地区版零分之一运动"。这绝不是我一个人的功劳。很多时候，有很多伙伴在一起，各自发挥了自己的力量。有努力协调人和事的人，有竭力制订计划的人，有记录活动内容的人，有做山活儿的人，有默默烧火的人，等等。村落建设并不是为了我个人的成功，而是为了村落和地区所有居民的成功。这些无形的综合力量推动着村落向前发展。而且，最重要的是正因为有了山乡地区居民的合作和支持，一切才得以实现。山乡地区和中原村落均以实现地区内循环①为目标，换句话说，这也可以说是一项将政治力量重新掌握在我们自己手中的活动。我希望下一代也能接过这根接力棒，继续做好发展地区内循环的工作。

我是在我的家乡——山乡地区的大自然的怀抱中长大的。有时我会想迄今为止的活动是不是来自我们的意志。我总觉得或许是

---

① 尽可能地保持流入该区域的资本在区域内流动，是振兴地域经济的方法之一。

因为有森林、田地、河流、山林，也就是说有丰富多彩的大自然的存在才促成了这些活动的成功。把我们带到山乡地区大舞台上的是我们的父亲、祖父和许多过去生活在当地的前辈们，他们通过孜孜不倦的辛苦努力为我们搭建起来了这个舞台。在这里，我不仅收获了友情，培育了梦想，也学到了实现梦想需要同心协力去奋斗的智慧。如今，我和妻子、孩子、孙子三代人住在一起，一家6口人一起生活，但我很开心自小就一直与邻居、村民和朋友们保持着自然的联系。我们在地区中彼此相连、彼此关心、互相成就、相互支持、互帮互助，这些就是我得以安心生活的基础。

采访者：平塚伸治、泽田廉路
译者：陈诗佳

第三章
"行政参与"的地区建设

智头町町长

寺谷诚一郎

　　我大学是在东京的大学就读的,27岁时回到智头町,并在山村里建起了一个山野菜料理馆"三泷园"。1997年就任智头町町长。随后遇到了智头町与鸟取市①合并的问题,在居民投票中,赞成合并的占51%,支持继续独立的占49%,民众的态度分成了两派。由于合并导致町内混乱,我于2004年引咎辞去了町长一职,但2008年再次当选。此后,在町内设立了"百人委员会",充分发挥居民的智慧,继续开展地区建设活动。

---

　　① 鸟取县的首府,其南部与智头町接壤。

1 平成①的大合并与失败

平成的市町村大合并十多年前就已经在全国范围内开展起来了。②经过一段时间，回过头来看便会发现，平成的合并就像试纸一样，把那些失去了作为社会体系的行政自治地区的结果给检验了出来。地区的行政服务正是因为居民的主体性，也可以说是因居民的自治而存在的。而今，对于此次合并，能听到的只有叹息之声。

那时候，可以听到来自国家的这样的说法："现在是蛋糕越大越好，所以都合并吧，合并之后可以允许发行合并特例公债③，对于那些想单独存在的城镇，会考虑给予必要的打压措施。"显然政府采用了胡萝卜加大棒的策略，威逼利诱，以促使全国性的地方合并。其后果如何呢？譬如，放眼全国，看看那些后来用特例公债建造的设施现在怎么样了就一目了然了。那些设施本来就不是居民自己请求建造的，而是政府自说自话建的。所以，人们会觉得：如果窗玻璃破碎了的话，让行政职员修好了就是；如果杂草丛生，让职员去除草就是了。由于居民们自己并未参与到地区建设中来，所以即使出现了种种情况，大家都觉得与自己无关。这种情况在各地都出现过。

智头町没有与鸟取市合并。因此，我们在施策时就必须要考

---

① 日本的年号，起始时间自1989年至2019年。这段时间被称为"平成时代"。

② 指日本政府为了强化地方行政改革、应对少子老龄化等目的而推行的将市、町、村合并的措施。平成大合并后，日本市町村的数量下降近五成。

③ 特例公债是为了填补财政赤字而发行的公债，因此又称"赤字公债"。

虑财政状况。执行切合实际的行政和财政，是一个重要的课题。作为其中的一个环节，我想到了小学的整合。此时，如何很好地利用被整合之后的原小学校舍成了一个问题。假如我对被整合之后的5个小学原址的利用具体指点应该这样或那样去做，即使建造了一些设施，头一年或许会很受欢迎吧，人们也许会说町长很厉害，但是几年过去后，他们就会想，建造这些设施都是政府的主意，所以让政府去维护就行了，和居民们没有什么关系。这样一来，设施就会荒废。因此，智头町政府和我本人决定采取不干预的方针，"有关小学原址的利用，可以按照你们自己的想法，你们自己去做"。考虑校舍的利用问题，各个小学学区（地区）①的人可以自己做主，预算由町政府来承担。结果，5处校舍均得到了有效利用和管理。

也就是说，作为町长，我自己必须要有作为一町之长的思想准备。作为领导，会有各种想法，也确实会有个性。例如，我就会对职员和干部们说："我在教育、福利、林业、农业和财政等方面都不是专家，不能不懂装懂，装懂也没用，所以教育方面的事情交给教育长，财政方面交给总务科长，林业方面交给乡村复兴科长。你们都是各自领域的专业人士，所以拜托你们来做。"

而且，我只与职员们约定了一件事，就是："人不管多么优秀，也会有失败的时候，那时候就由我来担责，我绝对不会逃避。"我对职员们十分信任。我说："你们是专业的，所以尽管大胆去做，失败了也没关系，谁都失败过。你们要努力发挥各自作为专业人士

---

① "地区版零分之一运动"即以此为单位进行。对相关内容的详细说明参见第二章。

的作用。"我就是这样相信职员、开展本町的行政工作的。

作为一项新的举措，我们取得了日本传统的大麻种植许可，在智头町实施了"种植大麻振兴地区"的行动。我们收到了来自宫内厅①和制药公司的问询，看似马上就要成功了。然而，这时却发生了一起大麻种植责任人被逮捕的事件。他被发现持有别的品种的干燥大麻，而非自己种植的工业大麻。这并不是本町职员的错，而是我寺谷诚一郎由于自己的判断失误，给大家增添了许多麻烦与担忧。我深刻反省并做了道歉。我也向给予许可的鸟取县知事赔礼道歉。为了不再发生同样的事情，鸟取县下令全面禁止在县内种植大麻。作为行政的掌管人，我犯了一个很丢人的错误，对此我深刻反思。

现在，国家没有钱，鸟取县也没有。当然，我们智头町也没有钱。所以，当本町居民提出希望做些什么事情的时候，我们只好说，不行，我们没有钱。这样说上四五遍，居民们也就接受了。电视和报纸上都在说国家没有钱，我们町自然也不可能有钱，因此，就算请求也没有用。因为没钱去做，所以大家也就接受了。但是，这样一来，这个町的町长就太好当了，什么事情都不用干。与其在町长室里坐着，做一些失败的事情而被责难，还不如横下心来，什么也不做更好，反正也没有钱。但是，果真这样的话，小镇就会渐渐沉沦下去。

那么，智头町的财政问题究竟应如何解决呢？我们知道智头町真的一穷二白。没有钱该怎么办？简单讲就是要有智慧的头脑。不过，富有智慧的町长怕是在日本全国也没有几个。没有智慧的

---

① 日本协助皇室、处理皇室成员一切事务的政府机关。

话，向町内居民借来智慧便是，这并不是什么羞耻的事情。我没有智慧，但却成了领导，所以必须开展地区建设。我这样想着便干了起来，结果发现居民们当中有着"超级大智慧"。

2 借来智慧的"百人委员会"

因为要向各位居民借智慧，2008年町成立了"智头町百人委员会"。各个委员会的议题可以是林业、农业、教育、福利等，什么都行。因为是自己的小镇，所以对教育、福利、林业等感兴趣的人，都可以直言不讳地侃侃而谈，尽情参加讨论。有人提出做这事儿，有人说试试能否做那件事儿。这样讨论了一年，在12月份各个委员会召开发表会时，提出了一个以前从未考虑过的策划案。当我想将其纳入预算时，町议会指出这是违反规则的。为什么违规呢？因为尽管政府行政由町长牵头的执行部门执行，但是为了防止执行部门为所欲为，所以必须接受町议会议员的监督检查。因此，规则就是，所有的预算都必须在智头町议会批准后才能予以执行。我们有必要遵守这项规则。现在，我们的想法最终得到了议会的理解，大家的想法都得到了贯彻和实行，但在当初却是有一些障碍的。

百人委员会设立八九年之后，我突然意识到，这个委员会中只有成年人。町政府前面有JR[①]的智头站，智头农林高中的学生

---

① 是日本铁路公司集团英文名称（Japan Railways）的缩写。其前身是日本国有铁道，简称"国铁"。在1987年国铁"分割民营化"后，形成了JR的7家公司。其中，鸟取县所在的中国地方等区域属于"JR西日本"公司的服务范围。

们每天上学、放学都会经过这里。我问他们来自哪里，他们回答："从兵库县来。"我想，这些学生一旦入学，3年间都要往来这里，每天在智头町上学，也算是与智头町有缘了，如果也能让这些从其他城镇来的学生们从他们的视角谈谈对智头町的看法，留下印迹岂不是一件很棒的事情。于是，我找到了校长，希望他能建立起一个高中生的百人委员会，校长表示赞成。孩子们也是一群拥有隐藏智慧的群体。

高中生们依据各地区的特色，为当地量身订制的观光计划，除了有"棒球的甲子园"之外，还有个"观光甲子园"的比赛①。智头农林高中的学生们推出的观光计划，拿去参加"观光甲子园"全国大赛，一下就获得了第一名。突破口找得准，就能成大事。这时智头初中的老师也提出申请，希望在初中设立百人委员会。初中生的话，让初二的学生参加比较好。用老师的话说："初中生自己来思考希望在这个小镇做些什么，应该怎么去做，到初三时，政府给予一定预算，具体去付诸实施。他们将来也许要去纽约，也许去东京，但不管去哪里，他们自己曾经思考过的东西都会留在这个小镇里。"由于有老师们的积极提议，于是初中生的百人委员会也成立了。

至此，大人的、高中生的、初中生的百人委员会都有了。有一次我前往鸟取大学交流，询问能否设立一个大学生的百人委员会。鸟取大学的学生是从全国各地来的，完全不知道智头町这么个地方。但是，对于一个自己一无所知的小镇，不带任何限制地去构思这个小镇将来应该是什么样子，会得到让人意想不到的启发。举

---

① "棒球的甲子园"指甲子园球场，是日本高中棒球联赛决赛球场。

个极端的例子，有人说，把山上的树木全部伐光，把山都弄成光秃秃的如何？先不管主意的好坏，至少会产生出有意思的点子。于是我们和鸟取大学缔结了合作协定，在大学里设立了智头町的百人委员会。通过这些事情，我们发现并确认了智慧出自居民、出自孩童、出自现场的道理。

3 地区创生源自现场、现实与前端

人们都在说地区创生，但先等一下。我觉得到这会儿了，国家再提地方创生，就是多管闲事。但是，如今各地方确实处于凋敝之中，不做点儿什么肯定不行。常有人说，要给地方打打气、加加油了。可是，虽然谁也没说过，但仔细想想，现在各地方的凋敝其实是国家的错，我自己是这样认为的。

也就是说，要让地方中的地区生存下去，有必要对国家整体的体系进行重新构筑。让各地方自己想办法生存下去未免太苛刻了。例如，追溯到江户时代，会发现那个时代有"参觐交代"① 的制度。为什么要大名花大钱去自己根本不愿去的远方，在江户被监禁一年呢？因为那个制度就是为了守护江户而被设计出来的。若是让地方大名力量变强大了，不知什么时候就会进攻过来。于是，为了守护江户、削弱地方大名的力量，让他们渐渐失去财力就是最好的办法。也就是所谓的让他们借钱，以削弱其实力。并且，通过

---

① 又称"参觐交代"，是日本江户时代控制各大名的一种制度。各藩的大名需要前往江户替幕府将军执行一段时间政务才可返回。大名是日本封建制度中对领主的称呼。

"参觐交代"还能惠及沿途街道的经济。在整体上能够让经济等方面得到循环,也是"参觐交代"的重要贡献。

战后,日本最大的任务是复兴。由于复兴最需要的就是人手,这时候国家就把目光投向了各地方的人才身上。国家把刚上完义务教育初中毕业的人召集起来,对他们说"你们就是支撑起日本复兴的贡献者,是能挣大钱的金蛋[①]",然后以集体就业的形式,把他们连夜拉到都市里变成了劳动力。通过这些方式,确实实现了复兴,日本也变得富裕起来了,国家也采取了四处撒钱的政策。可是好景不长,渐渐地国家变得贫穷。与此同时,各地方也没有什么实力,于是国家开始感到慌乱,认为情况不妙了。正是国家把年轻人从地方带走,使得地方凋敝了,然后国家又说"你们有什么好点子(能使地区充满活力的妙案)赶快呈上来",要求各地方提出好的方案,给予一定的补助金。明明让各地方凋敝的是国家,按理讲,本来就应当由国家而非地方去思考应该怎么做并率先采取相应对策才对。正如平成大合并的手法一样,国家却非要让各地方做些什么。

像智头町一样的小镇,93%都是山林,只有杉树和柏树,但就算人口减少了,也会长年有人继续在此地居住。实际上,只有通过现场、现实和前端,才是下一代发展的空间。

4 超前创意:"森林幼儿园"

在这当中,"百人委员会"提出的想法之一,就是创办"森林

---

① 原文是"金の卵",意为"金蛋"。参见第二章。

幼儿园"（本书第四章详述）。这样的主意，不论是我还是町政府的职员都是根本想不到的。这来自一位母亲说的简简单单的一句话，她说："能够在这样一个被绿色所包围的小镇里养育孩子，真是太棒了！""还想再生一个！"这件事很快流传开来。孩子们无论刮风下雨，每天都可以去山上和田野里玩耍。即使问他们去干什么，也没有什么明确的答复，大人也不要求孩子们做这做那，不说这也不行那也不行的话，完全让孩子们在自然的环境里成长。我对这种把孩子的自主性放在首位的全新的保育形式感到惊讶。

智头町也有町立的托儿所。即使有一位母亲向"百人委员会"提出建议，也很难获得预算保证，只能少许支援一下。西村早荣子女士等人从丰田财团以及其他一些财团那里申请到了补助金，"森林幼儿园"得以开园。本地电视台持续两年追踪拍摄这里的孩子们，并播放了他们每天的活动和生活情况。无论是烈日炎炎的盛夏，还是刮风下雨的日子，孩子们玩着、笑着、哭着，到山上或是河边玩耍的样子都被记录下来。夏天，本地的托儿所是绝对不会让孩子们去河边的，而在"森林幼儿园"，孩子们可以赤着身子在河边跑来跑去。事实上，我们这一代人就是在这种环境中成长的。仿佛儿童时代原初的风景又浮现在眼前。这些画面被制作成一小时的节目在全国播放以后，咨询电话纷至沓来。比这影响力更大的是，NHK① 把这段视频推向海外，向世界上 160 个国家播放了 6 次。这样一来，智头町的话题传到了海外，智头町政府也不时收到英语的

---

① NHK，日本放送协会。是日本的公共媒体机构，也是日本第一家覆盖全国的广播电台及电视台。其英文缩写来源于日语罗马字转写"Nippon Hoso Kyokai"的首字母。

问询。年轻人为了把小孩送进"森林幼儿园",开始从全国各地移居到智头町来。这表明,人们是有在森林里育儿这一需求的。真是"事实胜于雄辩"啊!

在考虑下一步该做什么的时候,我们了解到在东京有"待机儿童"的问题①。于是,我们想到能不能建设"森林幼儿园"的东京分园,在楼群的丛林里,比如港区或者银座②之类的地方,或者在高尾和多摩建立"森林幼儿园"的分园,冠上鸟取县智头町的名称?一年内让家长和孩子来智头町的本部幼儿园两次左右是入园条件之一。这样的话,人们会发现"果然地道的就是厉害",说不定他们中还可能会出现想要移居到智头町的人。这些人回到大都市之后也会宣传,这里的知名度想必也会提高。这样的构想还是去林野厅③沟通更为合适。按照这样的构想开展下去,定居者就会增多。于是,我们计划建造20栋左右的住房用以促进外部人员的定居。

5 定居对策,为年轻人提供舞台

例如,我们考虑了一个方法,即将楼房建在町政府拥有的土地上,只要来智头町居住20年左右,土地和住房就都归居住者所

---

① 指由于人手不足等原因,一些儿童想进托儿所但进不了的问题。
② 港区是日本东京都的一个区,拥有赤坂、新桥、六本木等多处知名商业区。银座是东京都中央区的一个主要商业区。后文的高尾和多摩属于东京都的郊外,离中心区域稍有距离。
③ 日本负责林业、山林维护、绿化等事务的政府机关。

有。土地是免费的，楼房也是免费的。要是连这点都做不到，那么让大家来智头町住就没什么好处可言了。因此，我们想要实施这样一种定居的政策。

实际上，在3年前就有年轻人说过要离开这里，去用濑町①和鸟取市居住。经调查，我们了解到，他们在智头町没有土地，因为将来必须要结婚，所以决定在本町之外购买便宜的土地。等一下，智头町政府不是有很多长年保留、未予使用的土地吗？有的空置了10年、20年、30年、40年。我让他们拿来地图，看看那些土地所在的位置，结果发现，这里也有，那里也有。有的已经三四十年没有使用了，今后也没有使用的计划。怎么办呢？把这些土地无偿提供给那些想要离开智头町的人，怎么样？作为条件，要求在建造楼房时必须使用智头町的杉木材，找智头町的木工以及五金店才行。这个提议虽然遭到町会议员的强烈反对，不过，制度实施后，一下子就有3家解决了居住问题。接着，年轻人很快结婚，3个人变成了6个人，加上小孩，就变成9个人。要是智头町默不作声，不去采取行动，那么3个人就要变成 –3 了。然而无偿提供闲置的土地之后，人口就变成了9人。要是能生2个以上的孩子，人口还要增加。我想，这才是智头町的经营方略。

要移居并定居下来，还有一个重要的事情是工作。就算来到智头町，也不可能很快就有工作。虽说年轻人里想从事林业或者农业的人挺多，但就算是林业，也不可能移居来了立即就会拿着链锯熟练地砍起树来。于是，我们邀请从鸟取大学农学院退休的山本福

---

① 用濑町是鸟取县曾经存在的一个町，与智头町接壤。该町于2004年和其他一些町村一起并入鸟取市。

寿教授夫妇来智头町居住并开设"山人塾",自 2016 年 5 月起为移居者提供林业教学的场地。

首先,我们把从大城市里来的人带上山,分成小组,一边游览,一边学习,告诉他们山里的树木是这样的,这是杉树,这个叶子长得怎么样,植物长得怎么样,这是野猪的脚印,这里出竹笋,这里出蘑菇,等等。接着,我们告诉那些想从事自伐林业的年轻人说:"这是町有山的林,现在无偿提供给你。你可以疏伐树木,再去卖木材,以此实现自立。然后,这片区域树木伐没了就再给你下一片区域。你可以慢慢去积累实力。"他们一般用 1～3 年的时间,就可以使用链锯了。总之,就算是无偿提供智头町所有的山林,町里面也还要为疏伐作业花钱雇人,并进行维持管理。从现状看,老龄化不断加剧,因此必须培养出年轻人来。要培养年轻人就不能一毛不拔,所以,要干就必须彻底地干。说出这些打算后,有人便讽刺道,免费给土地还给山林,真是什么事情都想得出来啊!但问题的症结是:到底谁来负责照料山林呢?

现在山林的价值正处于低迷之中,把森林变作保育的场地是谁都没有想到过的事情。不过,这是用不同的视角对山林进行有效的利用。总之,那些被称为挣钱的"金蛋"的人被强行带到东京,他们在东京成人、结婚、生子,但长大了的孩子们却过得不那么顺利,原因在于他们会受到压抑的袭扰。在东京出生的一些人,一周之前还是挺活泼的,但不知何时就开始不来公司上班了,据说是得了抑郁症。去大公司调查一下的话,就会发现最令人恐惧的是地震,其次就是压力。年轻人接连倒下。在 5000 人、10000 人规模的公司,一个人退休之后,公司既要管他的福利,同时还要雇用新人并进行教育。根据内阁府的调查，这一个人就会让公司损失 400 万日元。每年退休后备军都在不断增加，从某种意义上说，公司已经难以负担。城市也有城市的烦恼和问题。如果能把企业的人才问题和地方的乡村生活联系起来，那么森林的新的有效利用也就有了可能。

6 "森林疗法"[①] 的功效

智头町是否有能力来挽救那样的一群人呢？此时，我们把目光投向了"森林疗法"，想试一下能否发挥森林的效用。这并非只是看着山感觉心情舒畅这么简单，而是想通过在山中漫步，观察用"森林疗法"如何能够降低患抑郁症的概率，做一些这方面的临床试验。于是，我们从东京的 10 家大公司里各请了 5 人，然后把医生也请来。我们把从事繁重工作的 50 名被试人员带来，在噪声环境以及不同的条件下进行临床试验。结果发现，仅在实施"森林疗法"时，大家能够安定下来，变郁闷的概率会降低。这样的数据出来之后，千叶大学的老师在美国做了发表。"森林疗法"在当时还不太流行，人们只知道在山里走一走会让人心情舒畅，但从医学上来说究竟如何谁也不知道。而现在，森林的效果可以说得到了证实。

此后，我们想提一个建议，就是让全国的公司员工、职员们都来智头町，在这里舒适悠闲地度过一段时光。我们制订了 5 日计

[①] "森林疗法"原文为"森林セラピー®"，是特定非营利活动法人"森林疗法社会"（森林セラピーソサエティ）的注册商标（注册号为"登録第 4885384 号"）。

划、10日计划和一个月计划三套方案，上午在山中漫步，下午给老年人田间农活搭把手。通过这样的生活体验，让他们缓解压力，之后再回到东京。这是需要费用的，比如包括餐费在内，每人每月要收10万日元。在城市里的大企业，一个人退休就得消耗400多万日元的经费，一个月10万日元左右是便宜的了。往多里说，如果10个公司来30个人，就能有300万日元的收入。这可以成为智头町的经济收益。参与者寄住在当地家庭，由地区振兴协会负责照管。这样，町内的地区便有了存在感。如此这般，本来让人觉得挺麻烦的山，通过此番操作，也能够产生意想不到的价值。这要是能很好地实施，我觉得比"招商"更重要，它实现的是"招人"的目标，让自然成为人类的伙伴。这样的话，人、企业、智头町都获得了新生，三方获益，这就成了一件很了不起的事情。

7 思想的原点："三泷园"

我27岁时从东京回来，但没有什么可做的事情。芦津①山上有一个很高的岩壁，那时候我突然萌生了一种很傻的想法：如果让瀑布从那个山顶流下来，在瀑布底下坐着饮酒，味道一定很美吧！在这种想法的驱使下我找到水管工请教，问他应该怎么做才行，他说用水泵把水抽上来就好。说干就干，设备安装好了以后，水真的像瀑布一样流了出来，我真的在岩壁底下快乐地喝上了酒。一开始村里的人看见我后说："你脑子没问题吧？"不过等瀑布建成以后，

---

① 是智头町内地名，有景点"芦津溪谷"。

大家又说,这有点可惜了。

因为山里野菜很丰富,于是我搭了一个小草庵,并在这里开设了菜馆。这也就是"三泷园"①的开端。渐渐地,小屋子变得人来客往。每年的预约接踵而至,简直了不得。当初设计图什么的都没有,只是随意地想在那里建造一个木屋,于是就去砍树造园,不想便建成了如今的野菜馆"三泷园"。造物不就是这样一种感觉嘛,也就是用自己的肌肤去感觉,这是最重要的。

"三泷园"

我的做法在某种意义上是正确的,因为越是那些被人觉得很傻或是成为街谈巷议的事情越容易成功。我建造"三泷园"时是1972年左右,那是一个破旧立新的时期。于是,我捡来一些没有

---

① "泷",日语作"滝(たき)",是"瀑布"的意思。

人要的旧房子的门窗隔扇等加以利用。听说建于江户时代末期的草顶房屋要拆除，我觉得可惜，便将其搬移了过来，如今这已成为"三泷园"的象征。在屋子里恢复了地炉，挂上铁锅，可以制作味噌汤。用柴灰烤白薯、年糕和栗子，客人会感到很稀奇而高兴。我们提供的就是山间的生活。就像在什么都没有的土地上有效利用山麓造园一样，"三泷园"也是以森林为远景建造的。正如智头町的"零分之一运动"一样，从"0"造出"1"来。转换一下视角，地区也有闪光点，也能发掘出新的价值。"三泷园"还推出了此地长年传承下来的味噌、豆腐、野菜的易存食品，提供这些山间料理材料的都是村里的人。通过"三泷园"，本地的文化和原材料都得到了循环。

8 有效发挥地区的个性与特色

日本长期以来都是中央出钱、官员制订政策，因此，地区建设几乎都是千篇一律，墨守成规，多数缺乏当地的特色，而且丝毫没有变化，也就是没有自身的个性。

而如今，地方上没有钱了，国家也说没钱。我担心日本的官僚机构是否已经失去了自己的思考力和自己生存下去的能力了。简单地说，就算什么也不去想，只要有一个会来事的町长，能把国家的项目拉过来就有预算……这样，即使不干事儿只会发呆，也照样能胜任自己的职务。没有需要拼命思考的东西，职员们也都很轻松。大家都是一种无所谓的态度。我成为智头町的町长，观察了一些市町村后，有了这样的感悟。所以，我才设立了"百人委员会"，让居民们能施展出各种智慧。这样一来，产生出了很多极好的构想，智头町的特色政策也最终得以实施。

起初，町政府的干部和议员们并不接受"百人委员会"提出的主意，认为那些想法绝对无法付诸实施，唱的都是反调。我批评他们说：等等，明明是你们没有足够的智慧，所以才借用他人的智慧，为什么别人的方案就不行了呢？不要认为"这种想法绝对不可能实施"，而应该站在接受的立场上，思考"如何去做才能做好"。将别人的意见全盘否定，谁都会做，但是如何去做才是你们需要思考的事情。我反复提到，不管什么事情一定要认真，直面问题，要加强对话和交流。

要借智慧，就必须理解那些点子的价值，否则一切都无从谈起。我们可以轻易评价一个事物，但现在需要的不是这个。我们需要的是为实现目标仔细斟酌、反复思考的能力。点评一件事情是轻而易举的，但是如何从很多点子当中筛选出真正可取的好点子，作出正确的判断，这种能力才是需要受到考验的。

9 竞相开展领域自治的地区振兴协会

小学整合之后，空出了 5 所小学校舍。我们决定让今后承担各地区重任的人来认真考虑如何利用，目的就是让他们自己去考虑。大家凑在一起侃侃而谈，比如，有的人想安装唱卡拉 OK 的设备，有人想要安装地炉的房间等，什么都行。作为条件，我保证一不干预，二是努力筹措资金，活动由此开展起来。

例如，面包房"小格麻理"来这儿的时候，我和町政府也予以了支持，不过没有主动地采取行动。这次我们决定向地区振兴协会提出咨询，问他们对地区的未来应做何打算。我向他们提问："对托儿所的旧址你们有什么安排？面包房主说希望搬到托儿所里，如果你们帮忙的话，这部分钱全部归你们，你们可以好好加以利用。"他们说，如果这样的话，那就让年轻人商议并负责具体推进吧。这样一来，本地居民们说，"好像要有面包房进驻了，而且听说还是挺有名的面包店呢"，于是更加卖力地帮着改造托儿所。他们以及本地区居民都认真起来。那个田园面包店"小格麻理"的主人也很好。大家意气相投，很合得来。过了一段时间，他那种独特的风格也被接受了。他写过书，得到电视台的追踪报道。地区居民也从气氛之中感受到这不是一个普通人。这样，他就完全地融入了当地社会中了。

这只是一个例子，每逢周六和周日，很多人从大老远来到"小格麻理"，最多一天来过 700 人左右。这样一来，就有了如何停车的问题。幼儿园旁边就是小学的旧址，让来这里的人把车停在运动场上，车的数量多得让人吃惊。要是智头町官方主导来做的话，一定有人说"智头町擅自把那个运动场出借出去了"之类的话（实际上真的有人这么说了）。但由于是地区振兴协会参与办理的事情，就成了"使用运动场是再自然不过的事了，用吧用吧"的情况。一段时间之后，作为后话，我和"小格麻理"的两个负责人[①]谈话时说道："正是由于地区出面主动承担，所以一切才可以软着陆。如果政府的人干预了的话，就一定会有人说，绝对不能把运动场作为

[①] 指渡边格先生和麻理子女士。该面包房的店名"小格麻理（TALMARY）"源于两人名字的合称。关于他们的故事，参见第五章。

停车场借出去，坚决不要借之类的反对意见。政府里面的人都是官员，只能按照'1+1=2'的规定去做。所以把地区拉进来，这是很重要的。"也就是说，事情之所以能够顺利进行，都是由于各地区的自治权得到了认可的缘故。

如今，智头町内 5 个旧小学原址的合理利用，已经变成了使地区充满活力的地区之间的竞争。例如山乡地区的人们把原来的校长室改为餐厅，或是变成公司的事务所等，尝试着各种挑战。① 还是那句话，给钱但不干预，让大家用自己的智慧和汗水去振兴地区，就会给地区振兴带来很好的契机。

10 选择单独存在是正确的

尽管开展了很多地区建设，但其中具有决定性意义、对今后的地区发展来说也是非常必要的一样东西就是福利。福利的主题涵盖范围很广。简要来说，就是要考虑一个人从出生开始到如何度过一生的问题。我认为，地区建设最终应落在福利上。像东京那样的大城市，福利也许没法触及各个角落，但正因为是很小的城镇，才能够做到大城市办不到的事情。正因为选择了继续单独存在，才能够实现地区的福利服务。这必须得到证实。

10 年前，不论猫狗，都要求合并。实际上，智头町也一度说要合并。但是，把城镇的版图变大些真的是好事吗？简单地说，如果是个小镇，哪怕是喝醉了在地上爬，也能知道往哪里走是对的。

---

① 关于山乡地区建设的内容，参见第二章。

但是，如果进行广域合并，地方大了，就弄不清楚自己的位置，也会迷失方向。智头町的居民分成了两派，有一半的人认为和鸟取市合并会更好。但是，如今我们选择了单独存在，开展丰富多彩的地区建设，町也生存了下来。

现在是"超老龄化社会"。今后的地区建设中，福利将变成最为重要的事情。智头町有6个地区，地区建设有必要从以村落为单位的"零分之一运动"转变为以原来小学学区为单位的"地区版零分之一运动"。我们已经在小学旧址的合理利用上取得了一些进展。我认为还要在此基础上，继续发挥各个地区振兴协会的主导作用，继续去思考6个地区分别应该做哪些福利事业，如何做。我愿意继续为他们提供支援。如果每个地区都一样，那也没有意义。我们这里的福利想这样做，他们那里则是想把学校的旧址改造成浴场，每逢周一和周五就开车把独居老爷爷接来洗澡，每周还有两天是带老奶奶们来。还有劈柴烧水之类的。这种细致的福利服务町政府是做不到的。今后的福利正是要在地区层面完成的。作为条件，我们出台了有偿志愿者的体系，不让大家无偿劳动。如果是开车接老年人就给出汽油费，如果做劈柴就给出柴火费。希望地区振兴协会能够承担起这种"身边的福利"服务，各地区出力。总体上看，智头町就是在做多种的福利实践，这可以让福利的花朵开遍智头町的大地。我希望各地区在福利措施方面形成互相切磋和竞争的局面。在老龄化社会，做好福利事业是很有必要的。

当时在合并的居民投票中，51%对49%同意智头町与鸟取市合并。我属于继续单独存在派的，就说如果要合并，我就不干了，于是辞了职。我想我今后再也不会回到这个世界里来了，然而年轻人却对我说:"请重新出马吧。我们的小镇现在像走进了黑暗的隧道一般。"他们还说:"居民们身处一片漆黑之中,看不见光明。年轻人在无声忍耐。这样下去是不行的!无论如何,要让小镇有光亮。之后我们会自己来。"然后,这群人在投票前3个月左右的时间里,发起了署名运动,签名人数达到2000人左右。大家请求我与他们共同战斗,于是我也下定了决心。

同时,在智头町总体设计上,我们是想要营造出一个让居民感觉到"在此地居住真好"的生活感。正因为是小镇,所以才能与地区一起给予一体化的支援。为此,我们让成年人、大学生、高中生、初中生、小学生都参与进来,不断地提出自己的想法。在这当中,各个地区各有奇招,有的说"交给我们吧,下边我们会以福利为主题,在自己的地区实行这样的福利措施",有的还推出了五六种风格各异的福利政策。通过这样的举措,这里就成了居民们生活充实富足的小镇。

通过自主的构想,单独生存的小镇也可以发展到现在的模样。能留下这样的印象,我便可以急流勇退了。

2018年3月,文部科学省(文化厅[①])将智头町的林业景观选定为日本第一批重要文化景观[②]。作为文化财产,它比"日本遗产"[③]更有法律上的说服力。下一步,我们想让它成为世界遗产,把林业产业看作一种"活的"遗产来看待。日本国土中有七成都是

---

① 日本负责文化艺术、文化财产、博物馆等事务的政府部门。

② "重要文化景观"属于日本《文化财产保护法》规定的一类文化财产,因此后文说它"更有法律上的说服力"。

③ 日本对所有争取载入世界遗产的国内地区的总称。是一项宣传战略,并非文保制度。

山林，可以把山林中的树砍了变成钱，也可以把它变成教育的场地，或者让它创造出可以缓解压力的医学价值。此前，人们只想到砍树换钱，而今我们可以从各种不同的角度来发掘山林的价值，希望能把智头町打造成孕育人类最重要的生命力的场所。

2019年7月1日，智头町被内阁府认定为"SDGs未来都市"。"日本·零分之一乡村振兴运动"和"百人委员会"等以居民为主体的有关地区建设的举措获得了认可。智头町要在今后的50年、100年继续生存下去，现在的地区建设方针也是完全正确的。希望以这次认定为契机，加强和企业的合作，不断推进地区建设深入向前发展。

采访者：泽田廉路
译者：任加勉

第四章
林中育儿
——"森林幼儿园"

智头町森林幼儿园

"圆木园"代表

西村早荣子

"有时候想在山里生活一段时间,若需要移居的话,想选择智头町。"

2004年,在购入山林和民宅后,我(西村早荣子)更加坚定了自己要在大自然中育儿的想法。在我看来,家长们追求的不是自己收入的高低,抑或是工作、住所的好坏,而是一个有利于孩子们自由成长的外在环境。于是在2009年,我毅然决然地创办了"森林幼儿园"。作为一个与行政机关保持密切联系的幼儿园,自成立之日起就受到外界关注,并向世界传达着"林中育儿"的理念。

1 创办"森林幼儿园"的动机

我一直有一个想法,就是想把"森林幼儿园"制度化,并希望最终能引起国家层面的关注。

一方面,2015年鸟取县就已经制订了非常出色的"鸟取森林·乡间山林等自然保育认证制度",为"森林幼儿园"的发展创造了极好的外部条件。当然,我也希望这一制度能不断普及到其他各县。另一方面,当下日本各地方都面临着严峻的人口缩减问题,我觉得"森林幼儿园"可以起到让地方起死回生的妙药的作用。所以,只要人们能充分理解"森林幼儿园"真正的价值,并将其付诸行动,最终也就有可能被纳入国家决策范畴,实现真正意义上的制度化。

然而,现实并不那样简单。要想将"森林幼儿园"这一模式更好地推广至其他各县,首先得像鸟取县"森林幼儿园"那样,作出很多成功的范例才行。一旦有了好的案例,行政机关的做法就非常有趣且不可思议,就是各地区会纷纷模仿。活动扩展开了以后,那些还没有建立相关制度的地方自治团体就会因没有跟上潮流而坐立不安。我们希望最终能够出现这样的局面,让"森林幼儿园"的热潮席卷全国。

不过,若是希望他县学习鸟取县创办"森林幼儿园"的做法,解决各地方自治团体所面临的人口减少的难题,现阶段我们还需要拿出具有说服力的数据(包括"移居"的问题)。除了东京以外,很多地方自治团体都面临着人口减少的问题。这也是行政机关面临的课题。

在森林中举办"晨会"活动,点名、唱歌

那么智头町开办"森林幼儿园"究竟能带动多少人移居至此呢?不仅在经济效益方面,而且在社会效益方面,移居都会带来不少影响。已经有很多人做了很多的事情,也带来了很大的社会影响。比如之前搬到此地并开了"小格麻理"面包店的渡边夫妇的活动等。我在寻思着有没有办法将这些影响转化为具体的数值呢?因为要想说服行政机关,还是得靠有说服力的数据才行,而我们现在又急需这样的数据资料。

我们相信,"森林幼儿园"项目的实施,对地区而言已经产生了相当大的影响和震动。町里每年投入300万～400万日元左右的补贴,获得的是每年吸引4～6组家庭移居至此,而且来的都是年轻人,他们移居到这里以后开始开展各种活动。智头町的移居者所开展的地区复兴努力经过宣传和介绍,像"森林幼儿园"之类的取得好效果的项目就会被更多人所理解。通过这些措施，不仅移居至此的人们之间的纽带会得以加深，他们和当地居民的联系也能得到加强。所以我希望能有研究者将这些活动所产生的波及效应和相乘效应数值化，给我们提供一个明确的数据支撑。

现在，有关"森林幼儿园"的研究也慢慢有了起色。例如，2015 年成立了"自然育儿学会"。目前，这个学会还是以育儿研究为中心的。当然这不是说育儿就不重要了，只是单单这样一个视角是远远不够的。若能更多地从政策角度，比如为区域社会带来怎样的效果等视角来进行研究，那么像"森林幼儿园"这样的项目，就能直接从政策上成为行政支援的对象。

2 智头町政府灵活的行动力

智头町政府行动之灵活真的很令人称赞！就像寺谷诚一郎町长的头脑一样，给人一种很轻快的感觉。领袖的影响力还是很大的。

13 年前，我搬至智头町，当时，我是鸟取县的一名职员，在八头综合办事处——也就是管理智头町的机关——工作。每当有新的工作项目分配下去时，与大多数町村多是去找一些不能完成的理由不同，智头町总是说着："好啊！好啊！我们来做吧！马上就开始做！"对待新鲜事物，与其他地方不同，他们总是那么地积极。

比如说，当寺谷町长听说在乡下经营面包店的年轻夫妇因为要送孩子去"森林幼儿园"上学，准备搬去冈山县大原居住时，马上建议他们夫妇还不如一开始就搬来智头町，并为他们的移居做了适当的安排。后来我听说，负责接待他们夫妇二人的人知道他们是有名面包店的经营者后,很快便为其介绍了已经封园的托儿所作为店铺的选址地。时机的掌握和应对都十分及时、周到。

智头町之所以有如此不同的表现,可能与町长的作用有关,但同时,还与这些年来通过"零分之一村落复兴运动"积累下来的民意以及居民自治所取得的成效有关。从 10 年前开始,这里的"百人委员会"就开始实施了居民出谋划策、亲力亲为参与社会建设,行政予以辅助支持的自治制度。在这里,让人觉得有一种对民间的信赖感,或者说有一种居民作为主角参与行政事务的民主氛围。这里的居民让人感觉到已经形成了一种不依赖行政的习惯,形成了一种自立自决的地域文化。

3 作为林业技术员的直觉

在"城镇建设就是培养人才"这一理念的指导下,町政府主办了"活力四射人才培养学习塾",开始定期招募町内一些有志之士,并开展相关活动。

人才培养学习塾开办的第一年我就报名参加了,后来孩子出生,学习塾由我丈夫参加。那时采取的是请先进地区的老师来举办讲座的形式。到了第二年,我开始代替丈夫参加活动。那一年的主要议题是讨论居民们自己能干出点什么来,于是,我提议能不能在智头町开办"森林幼儿园"。我的建议得到了一些活跃的妈妈和町政府年轻职员的支持,并组织召开了相关内容的学习会。后来有身边熟人不断参与,慢慢形成了一个小组。之后,我们一年间每隔两个月左右集会一次,主要是我将自己学到的有关"森林幼儿园"的知识再分享给他人。

　　学习会开始后，我们迎来了一个巨大的转机。2008年2月，我们主办了一次关于"森林幼儿园"项目的先进地区讲演会。当时我们请到了爱知县春日井市有名的"小猫暖暖"森林幼儿园园长代理浅井智子来和我们分享经验，她的一番演讲也点燃了我们内心的热情。我当时就下定决心，一定要将在智头町开办"森林幼儿园"的项目付诸实践！趁热打铁，我们从下月开始就策划开展了"森林散步会"活动。

　　说起来，我之所以想起在森林中育儿，当然也是因为我以前是从事林业的技术员，有职业方面的影响。之前，我一直在思考，有没有新的方法去开发和利用森林资源，因为作为产业的林业已经陷入了死胡同，需要从政策的角度重新思考森林的价值。为了解决这一困扰，我也是认真地进行了大量的学习和钻研。在各种尝试中，我也了解了"大桥式建设法"，即在森林中布设道路，让人们得以轻松地融入森林的方法。这样一来，森林也能变成人们学习和玩乐的场所。若是将这一思路运用到"森林幼儿园"项目上，一定会产生出非常好的效益。当我们不再将眼光局限于单纯的森林，而是将其与育儿相关联时，对森林的评价也会完全不同，思路瞬间就变得豁然开朗起来。

　　因为我一直从事林业和森林的研究，所以比谁都清楚森林是一个能让人感到心旷神怡的场所。我坚信，若是能在森林中开展育儿活动，不仅孩子们能拥有一个良好的心态，就连肩负育儿重任的家长们也会感到非常愉悦。

　　2008年12月，我在"百人委员会"里发表了创办"森林幼儿园"的项目提案。由于在那之前我们已经开展了"森林散步会"等活动，提案更有说服力，也获得了很高的评价。

4 决心搬至智头町

决定搬来智头町，并不是因为自己一开始就怀有创办"森林幼儿园"的想法，从某种意义上说，"森林幼儿园"是搬到智头町以后才萌发的念头。若要深究其背后的原因，我想可能主要还是因为我们夫妻俩一直想要住进一家改造过的老民宅的缘故。年轻的时候，我们曾讨论过将来是自建新房，还是住到改造过的丈夫父母所住的房屋的问题，有很多选项。我和丈夫一致对改造后的老民宅感兴趣，所以我们最初是打算将老民屋迁建至鸟取市内丈夫老家那边的。但这样成本过高，比较起来，还不如买下一幢老民宅，根据自己的喜好对其进行改造之后居住更好。这个想法是我们搬到智头町的一大契机。

除此之外，我尤其想在自然环境优越的地方培养孩子。当初丈夫老家附近因为没有一点都市气息，我觉得是最好的育儿场所。可事与愿违，我们刚搬过去不久，附近就建起了大型的购物商场，过去漆黑一片的夜晚也开始变得灯火通明。好不容易搬到鸟取，却和我期待中的场景完全不同，所以我想，既然这样，还不如去更为偏远的农村，在乡村的环境之中育儿更好。

不仅如此，我们还想过上能源自给自足的生活。一是拥有自己的山林，可以进山砍柴，将砍伐下的木材劈开，作为燃料，使用木材炉烧火做饭，使用木材锅炉烧水提供地暖；二是尽量不依赖化石燃料；三是把山上的工作和生活结合起来。我们的生活大致设想就是这三大类。如此一来，最好便是生活在靠山的地方，从事山间的工作。那样的话，我们就决定在智头町看看是否有符合我们的地方。

决定搬去智头町，是我在八头综合办事处八头农林振兴局工作的第二年的事。在一次工作聚餐中，我说自己想要移居到智头町，然后智头町出身的上司问道："真的还是假的？"我回答道："真的！"就这样，那位上司利用各种渠道，用了差不多两个月的时间，给我们找到了现在的住所。想起来，其实当初我们并没有提出什么具体的希望，对房屋周边的环境也没有什么明确的要求，也许正因如此，我们得以迅速地敲定心仪的房屋。若是当时就提出采光要好，附近要有田地等条件的话，可能过程就没有那么顺利了。

说起房子，这家之前一直有人住，刚空出来不久。因为房主人老奶奶的新房建在了隔三幢屋的下边，所以她会每天回到这里，修整院子里的土地，打扫屋子，就算是马上入住也不会觉得脏乱。不好的地方是，这里离学校也是最远的，离国道也有2000米的距离。在小学合并之前，单程4000米，往返8000米的上学路，我的大女儿就这样来回走了5年。在开始步行上学半年后，大女儿的骨密度便达到了全国平均水平的130%，我也深切地感受到了步行的重要性。

其实，对于作出辞去鸟取县职员的工作去开设"森林幼儿园"的决断，我并没有太大的抵触。因为自己也非常喜欢之前的那份工作，所以最开始并没有辞职的想法，只是想一边把"森林幼儿园"

项目作为自己喜爱的事业运营下去，一边再兼顾县里的工作，但体力上有点跟不上。我生了第三胎，产假结束后，这种两头跑的生活我仍然坚持了1年左右。但令我没有想到的是，当"森林幼儿园"开始逐渐有了人气后，连周末都会有来客和记者采访，随着需要处理的事务不断增多，我的身体也不可避免地垮了。这种情况下，再想两全其美也是不可能的了，到了必须作出抉择的时候了。仔细一想，自己作为行政人员已经工作了5年，其间业绩平平，而且比我更优秀的也大有人在；相反，对于"森林幼儿园"来说，我自己觉得我是不可或缺的。斟酌再三，我最终选择了辞去之前的工作，专心从事"森林幼儿园"的事业。

5 林中育儿，乡间时代的来临！

虽说"森林幼儿园"是一种全新的利用和开发森林资源的思维，但若是从它与移居至此的人们之间建立起的纽带的观点来看，它承载的意义也许更大些。我自己搬过来的时候就有一种直觉，感觉很多事情的风向标都开始指向乡村。只要人们相信并为之努力，乡村将来肯定会成为发展的主战场的！

我于2006年搬到智头町，购入心仪的房屋，按自己的风格对它进行了改造。对于肩负育儿任务的母亲来说，四周环林，空气和水质都是极好的，也没有噪音，室内宽敞，这是能够令人感到很放松的环境。这里的环境比我想象中的要好太多，所以能够在这里育儿让我感到非常幸福。当我沉溺于这优美的自然环境中不到半年，就开始觉得一个人独占这么好的资源也未免有点太过浪费了。于是，我向在东京养育孩子的妹妹和亲友们发出了邀请，希望他们也能来智头町感受我的这份惬意。来到这里之后，她们都异口同声地发出了这样的感叹："真好啊！这可真是理想中的育儿场所啊！"

我心里暗想："果然！类似于这样的育儿需求还是很多的嘛！"比方说，即使都市中只有少数人想在这种环境中育儿，因为都市的人口基数大，所以算下来可能会有几万人有这样的想法。哪怕是百分之几的微小比例，如果能把有这样想法的人拉到这里，也是很了不起的事情。我想智头町的居民也有类似的需求。只是从60年前开始，比起留在家乡，这里的年轻人都愿意选择前往城市打拼。而像我这样出生于城市的人，却鲜有主动走向农村的。仔细一想，这种流动的不平衡实在是太怪了！因此，我想，能不能反过来，把智头町作为育儿的选择，不是也很好吗？

这么想着，"森林幼儿园"的灵感在我的脑中一闪而过。是的，这肯定能成！不仅如此，我还坚信，这一理念也一定能获得行政机关的支持。我当时就有种直觉，智头町是以林业为主的小镇，在这里开设与其形象相符的"森林幼儿园"，必将会成为它的象征！

6 乘着支援之风，向成功迈进

2009年，我参加了每年3月第一个周日举办的"零分之一运动"的活动发表会。会上，我与长年从事智头町地区建设的人们进行了交流，在我来此地的20年前，他们就已经开始参与地区建设了。与其他地方不同，智头町的特点是注重激发居民们的干劲，提高公职人员的行动力，对新的挑战和措施给予积极的支援。也许正是有着这样积极向上的精神底蕴，所以在听完我的发言后，大家立马给予了肯定。有人称赞："哇，这真是太棒了！"也有人表示："如果需要的话，可以使用我家那块地！"智头町好就好在不管是赞成还是反对，有意见大家都会坦率地表达出来。要是换成其他町，我想可能就没有这么多积极的响应了。

在那次发言会上，我清楚地记得有位领导发表了这样一段讲话："人们常说树大招风，枪打出头鸟，这是世间规律。但如果这棵树足够大，便不怕风暴；如果鸟儿都出头，枪也打不到。实际上，不经历风雨，树木也不能成材。"这句话至今给我留下深刻印象。因为当时我们的事业刚刚起步，他的一席话给了我不少的勇气。

我们之所以选择智头町，也是看重通过"零分之一运动"，居民独立自主挑战村庄建设的精神渗透至各个角落，使得全町都充满了活力这一点。与其他町比起来，智头町有着自己鲜明的特色。虽说它的人口在不断缩减，人口密度也呈现出过疏化趋势，但它自身的内涵其实是在不断丰富的。这让我觉得，我们也能参与进来，贡献出自己的一份力量。智头町的这种氛围也是吸引着我们移居至此的一大要因。

7 为"森林幼儿园"提供行政支援

如果能得到町和县的支援当然是最好的！

"森林幼儿园"有一个全国性组织。这个组织是由全国各地抱着同一理念进行活动的人们——不管他们是否自称为"森林幼儿园"——所组成的，其中目标之一便是推动"森林幼儿园"的社会化。前些日子，我受邀到东京出席他们的一次研究会，尽管与他们进行了交谈，但也感觉不到有什么进展，关键是看不到未来的远景。究其原因，我发现，这些组织的成员大致可以分为三类。

第一种是"自主育儿型"，即家长轮流担当"森林幼儿园"负责人的形式。这也是最容易开展起来的一种形式。即便没有启动资金，只要家长们达成合意，将孩子们聚起来，今天我带你的孩子，明天你带我的孩子，后天再轮到另外一个人，所以也不需要什么资金，每个人各出1万～2万日元左右作为报酬就可以维持运营。日本大多数"森林幼儿园"采用的都是这种方式。

第二种是"自然学校型"，其目的是让幼儿们能与大自然进行亲密接触。这类学校大多没有接受行政机关的资助，多是依靠独立资金维持运营，有的开办时间长达20～30年。也正因如此，他们更倾向于举办短期活动。与普通的"森林幼儿园"不同，他们只有周末或者暑假时才会开放。因此，只要有这方面的意向，即使多出一些钱，家长们也会参加的。只是，这一类型的学校对行政机关比较警惕，所以很少能看到他们与行政机关积极联手的意思。

第三种则是我们智头町"森林幼儿园"这一类的。与其他普通的全日制幼儿园一样，周一至周五，早上9点至下午5点开园，属于全日制类型（也就是后面所说的"鸟取式森林幼儿园"）。只是"森林幼儿园"没有经过像普通的幼儿园和托儿所那样的认定，所以也就无须提供与其一模一样的服务。

我们最初构想的是打造一个大家都能上的"森林幼儿园"。要达到这一目标,有两种方案:一种是高收费,人均7万~8万日元,估计只有上流家庭才支付得起;还有一种是低收费,人均3万~4万日元,这样只能降低职员的工资。但在我看来,不管哪种做法都无法接受。好不容易有这么好的项目,起码应该保障员工获得应有的报酬,同时,缴费也不宜太高,应放低进入门槛,保证想来的人花不了几万日元都可以来。

要是这样,还是考虑让政府出面资助比较好。既然其他民间幼儿园可以从政府那里获得援助,按道理,我们"森林幼儿园"也不应被排除在外。我们通过智头町的"百人委员会"向当地政府提出申请,一开始政府答应给予为期3年的资助。随着"森林幼儿园"的不断走红,3年后当地政府也不能立即停止资助。对于智头町而言,仅靠町财政继续资助确实有些困难,于是我们通过町长,争取到了鸟取县的帮助,并建立了鸟取县"森林幼儿园"支援制度。得益于此,现在鸟取县内建成了9个"森林幼儿园"和"乡里山间托儿所"。为了获得这笔补助金,幼儿园必须要获得相应的认定,而认定的标准则是一周内必须要运营5天,所以现在9家机构中有7家都采取了每周5天工作制。从某种意义上来说,这也算是具有鸟取特色的"森林幼儿园"了。

当然在丹麦和德国,我们也能见到类似的形式。因为一直憧憬着他们的做法,所以能在鸟取县开办成这样的"森林幼儿园",我们感到非常开心。现在,鸟取县智头町的做法已经在全国范围内推广开来。从全国来看,这也算是了不起的成就了。

8 说服鸟取县的智慧

我当时的预期是,"森林幼儿园"运营费用的一半能得到政府的拨款就好了。这种想法直接导致了相关认证制度的出台。除此以外,我们并没有得到其他的获取资金的渠道。如果可能的话,以后会考虑逐步增加捐款所占的比重。作为非营利组织(NPO),如果能顺利筹集到资金自然是最好的,只是这并不是我个人所擅长的领域。

我们最先利用的是鸟取县的森林环境保护税这项援助制度。如果直接去申请政府的育儿援助,让他们短时间内建立一个支援制度也是不现实的,所以对于"森林幼儿园"来说,最容易申请到的援助便是森林环境保护税中的软事业开发项目。这个保护税是县里面单独征收的,每户家庭每年缴纳 300～500 日元左右的税金。正因为"取之于民,用之于民"这种理念,所以我们"森林幼儿园"自然也就更容易获得政府的支持了。因此,第一年我们便获得了 100 万日元的资助。

说到财政这方面,我想再补充一点,其实其他县也有与鸟取县同样的森林事业相关的财政拨款,但从规模上来看,农林事业的预算和福祉事业的预算可谓是有着天壤之别的,农林的事业经费明显充裕得多。因此,我们虽然从县里获得了 600 万日元,从町里获得 300 万日元的资助,但从农林业整体的预算来看,不过是九牛一毛而已。

最开始我们考虑的是争取农林事业的拨款,估计这方面的预算应该比较容易获批。一开始当町长与鸟取县知事谈到这个话题时,基本意向是在森林部门中制订支援"森林幼儿园"的制度。当时是以开展"森林治愈事业"的名义，在森林部门中首次成功地出台了日本第一家"森林幼儿园"援助制度。但这也属于政府补助金，所以其有效期也是3年。每次都要想到3年后该怎么办，从某种意义而言，这件事情做起来也不算轻松。正当我们想提出意见希望政府能否改善一下的时候，正好遇到了平井知事推出的"伙伴县政"政策。之所以提出这一政策，是因为鸟取县是全国人口最少的县，如果只靠县里的职员们去管理所有业务，是很难向居民交出一份满意的答卷的。因此，他们打算积极与民间联手，一起解决行政上的问题，为此，县政府同意提供必要的资金，并对相关事业内容进行了公开的招募。

这正好与我们的想法一致，于是我们便提出了申请。当我们提出希望一起制订出一个能够长期支援"森林幼儿园"制度的提案后，这个提案获得了通过。在官、民、学三方联手之下，两年后，终于制订出了日本第一个支援"森林幼儿园"的相关制度。2015年"森林幼儿园"之所以能够获得正式认定，与该制度的制订有着密切的关系。

虽然我作为鸟取县公务员的工作资历不深，但对于资金和手续流程还是有一定的了解，而这一经历也为"森林幼儿园"的运营提供了有益的帮助。

9 在"森林幼儿园"中育儿

我经常会被问道，"森林幼儿园"中的孩子会不会不太安分，不听老师的话？但只要去现场实际观摩过后，便会发现完全不是人们所想的那样。在"森林幼儿园"中,我们很少做无意义的指示和指导,也不会像普通幼儿园那样,命令小朋友排好队或是集合,反倒是让孩子们自己去进行判断。在和孩子们一对一交流时,虽然会谈到很多话题,但是我们不会要求他们去做这个,去做那个。我们主要是让孩子们学会自己去独立思考,所以大人们的介入并不多。

但这也并不代表大人就可以什么都不用管了。比如说牵扯到生命安全或者特别重要的事情时,我们会在晨会或者放学前的会上与孩子们做深入交谈,也会认真地倾听他们的话。这样持续3年,孩子们就会亲身感觉到大人们讲的事情都是非常重要的。孩子们之所以能做到这一点,并不是因为我们向他们灌输了这样的话,恰恰相反,而是他们在与大人们打交道的过程中自己感悟出来的。

孩子们在"森林幼儿园"挑战旱田作业

通过这样的经历，孩子们都会信任大人，并切身体验到大人的话的重要性。

升入小学后，有不少孩子会对老师说的话过度重视。在小学最开始的课堂参观中，可以发现当老师说"好，请大家把铅笔放好看下这边"的时候，马上便作出反应的孩子中，毕业于"森林幼儿园"的孩子较多。确实有老师讲什么都信都听，反而自己变得比较吃力的情况。不过，即使一开始嚷嚷着老师太凶了，学校真无聊，课业太沉重了，等等，不到半年他们就都能适应学校生活了。不管是从哪种意义上来说，孩子们是很有柔性的。一段时间后，他们便知道了学校是什么，也不再紧张了。

为了让孩子们学会独立思考，我们的做法是，大人们不是告诉他们要做这个做那个，而是询问他们的想法和意见。虽说总是让孩子们自己去思考，有时对孩子们来说也是很辛苦的，但是从3岁开始，经过3年间不断培养，自己去思考就会变成理所当然的事情。不会完全听从于老师抑或是他人的想法，而是习惯于坚持自己去思考。这与现行的教育方针相反，所以对"森林幼儿园"的孩子们影响也是很大的。

10 面向未来的教育

对"森林幼儿园"的培养方案及其成果的评价，我想最好是交由第三者去检验。

举一个我女儿的例子。她从"森林幼儿园"毕业后，现在就读于新田的萨德伯里学校①四年级。寄宿在我家的进修生曾问她，为什么会选择就读萨德伯里学校？我孩子说，因为自己曾去当地小学参观过她哥哥的小学，发现那里不管什么事务都是由老师决定的，对于这样的做法，她感到反感。一个幼儿园的孩子能说出这种话，我也感到十分惊讶。对于我们而言，萨德伯里学校是一所主张让学生自立自决的学校，我们也想让她去这样的地方。恰巧女儿也想去，我们没有多做干涉就让她去了。现在发现，孩子们对此还是看得非常透彻的。她自己决定："我不要去普通的小学，要去萨德伯里学校上学。"

我认为，大家讨论从"森林幼儿园"毕业后怎么办的问题是件好事。这样做很好，我想这也是我们现在存在的意义。如果认为眼前只剩下学校教育这一条路的话，那就和停止思考毫无差别了。我们真的只有这一种办法吗？我想我们做的就是向池塘里投了一颗石子。虽然我们采取的方式有点旁敲侧击，也有值得商榷的地方，但若是纠结不休、踌躇不前，孩子们眼看着就长大了。若是等国家出面去解决这些问题，可就为时已晚了。所以我们只能先动员那些比较有想法的人们，因为我们确信行动终将带来改变！

确实，在萨德伯里学校，学生们很难像学校教育所希望的那样，把9门功课全部学好。反过来说，普通学校里的孩子们是不是

---

① 萨德伯里学校：1968年设立于美国波士顿的学校。现在与该校的办学理念即尊重自由教育的理念相一致的学校统称为萨德伯里学校。因其采用由学生商议来决定学校运营的方式而具有划时代的意义，也被称为"没有教学的学校"。没有老师、课程、教学计划和评价，是一种全靠学生的兴趣自己去体悟学习的方式。

都掌握了所有的知识呢？其实也不是，能够做到这一点的只有一部分孩子。其余的孩子们则对课程内容完全提不上兴趣，只是被束缚在椅子上，对于老师的教导，也是左耳朵进右耳朵出，完全没有用心聆听。与其这样，还不如一开始就按照孩子们的想法，让他们干自己想干的事情，用自己觉得有效的方法去掌握知识。而事实上，世界上一些地方的案例也已证实了这一做法的有效性。当然，刚开始肯定会有很多反对的声音，但在波士顿，这种方式已经有50多年历史，从这些学校培养出了很优秀的人才。话虽然如此，但我们实际执行起来，还需要不断完善各种措施，努力去实现自己的目标。

最近，我们越发觉得遵从孩子们的意愿，让他们自己做决定，去干自己擅长的事情是非常重要的，我们也希望能有越来越多的孩子找到自己喜欢的事物。在这之中，肯定会有想在哪些方面更加精进，或者朝着自己感兴趣的方向不断前进的人，他们可能会很自然地将这种想法与考取大学或是创业等选择结合起来。打个比方，若一个人对钓鱼感兴趣，他可能就会去学习关于鱼类生态系统的知识，接着，可能选择去一个好的水产大学继续深造，或者是致力于成为一名专业的寿司匠人。在明确了这些目标后，即使他对语文、算术、理科和社会科学等课程内容不感兴趣，为了达到自己的目标也不得不逼迫自己去学习掌握这些知识。不是因为他人的鞭策，而是为了实现自我，只有这样，学习才会显得更加具有效率。在这一点上，萨德伯里学校的教学理念和公共教育是完全相反的，也正因如此，这里的孩子们将来也会走上这条道路吧。

11 走向世界的"智头町幼儿园——圆木园"

2012年,由山阴①中央电视台花费了两年时间制作的名为《自然中的圆木园式森林幼儿园》节目,获得了"FNS②纪录片大奖特别奖",并在全国播出。后来这一纪录片又被翻译成英文,通过日本放送协会(NHK)世界(world)频道在160个国家播出,引起了热烈的反响。一时间,不仅有来自印度尼西亚方面的相关询问,还有不丹的人亲自到这里来考察,甚至还有从新加坡直接移居到我们这里来的。

还有这么一个有趣的事儿。妻子是日本人,丈夫是英国人,现居于英国,这对夫妇正在商量着要把孩子送到我们这里来。对于父母一方为日本人的家庭而言,他们有一种需求,就想要孩子在步入小学正式教育前,能体验一下日本当地的文化。这种想法很有意思,对于这些人而言,"圆木园幼儿园"的开设可以说正合心意。还有一个原因,也许是因为我们打着"在乡村"的旗号,所以这在海外也产生了一定的魅力。

我曾预想过城市生活的人们也许会对"森林幼儿园"抱有兴趣,但能在世界范围内引起反响,实在是意料之外。还记得我在开办"森林幼儿园"之前曾在一本书中读到过这样一个有趣的现象:在欧洲,特别是那些地位较高的人们,如医生、律师或者会计师之类的人,即使他们在城市中工作,当有了孩子后,他们便会移居乡村,将工作量减少至一半或者三分之一,一边享受田园生活,一边

---

① 山阴是日本的地区名,主要指鸟取、岛根两县。
② 日本富士电视网。FNS是英文Fuji Network System的缩写。

悠然自在地育儿。当孩子们自立后，他们又会再次回到城市，继续努力工作。这种生活方式也被认为是一种"身份的象征"！所以我在想，如果在日本也能这样就好了。当下，不少地方没有医生和律师等，很多事情办不了，如果能在这些地方打造出充满魅力的教育场所，他们应该也会欣然地移居过来吧。

实际上也有这样的例子。去年，有一位来自冈山县的医生（现在是智头町医院兼职内科医生），为了送孩子来"森林幼儿园"上学举家搬迁来了智头町。这位医生的想法是，孩子年龄还小的时候，工作少做一些，趁此机会，加深与家人之间的感情联系，积极参与育儿活动。

12 "森林幼儿园"+"妇产科医院"，智头町潜力无穷

智头町的魅力就在于总是充满活力。不论何时，都给人一种不会止步于此的感觉，让人充满期待。若是有好的策划，大家都会积极反应："好有趣啊！"于是就一起做起来，渐渐地就形成了一种大家共同参与、共同出力的社会氛围。

此外，智头町的交通也十分便利，既通了高速公路，也设有特急电车的停靠站点。

我一直有着这样一个梦想，即让"森林幼儿园"成为地区复兴的最后王牌！以"森林幼儿园"为契机移居至此的人们是这样说的："以前在都市里生活时，觉得养育一个孩子都很累，但自从来到这里之后，又想生孩子了。""家里头孩子还是有两到三个的好啊！"顺着这一思路，我又产生了在智头町建"妇产科医院"的想

法。我把自己的想法和町长说了以后,他说自己也一直公开宣称要把智头町打造成"安产之乡",所以立马组建了一支助产师的队伍,并开始了一系列活动。现在只剩下建筑工事了。如此一来,我们便能将"森林幼儿园"和"妇产科医院"整合起来,开展更多活动。

众所周知,在东京生活需要承受巨大的压力。作为东京出身的人,我偶尔回去一趟都感到有些吃不消,所以我最后选择了移居智头町。作为育儿的场所,东京也是一个让人倍感压力的地方。此时,再去劝那些已经备受煎熬的人们多生多育,也实在是有点残酷。

话说回来,这些人又并不都想留在东京,真正想要留下来的应该只是少数。若是如此,只要下定决心与东京分手,到各个地方去,虽说收入可能会减半,但是生活费也相应地减半了,这样算下来生活也还算是过得去的。若是在东京有不动产,还可以把它租赁出去,获得一笔额外的收入。所以说解决方法还是很多的,关键是人们走进地方以后,要有"森林幼儿园"之类的地方可以让人愉悦地育儿。家长们能怡然自得地享受生活,自然也就能开心地进行育儿了。而且,母亲若是得到了满足,她们可能会想要生二胎甚至是三胎。毕竟孩子是世上最无与伦比的存在!所以,若是条件允许,再加上育儿环境优越,女性会不断产生想要生育更多孩子的想法。我现在就在认真地思考是否要生第四胎。

13 "森林幼儿园"——地区复兴的王牌

有人曾向我建议,应在"森林幼儿园"中培养更多女孩子。可能大家都会认为偏调皮的男孩看上去更适合"森林幼儿园",那为什么要特意强调对女孩的培养呢？其实这是因为，在一个家庭中，掌握育儿主动权的基本是母亲一方。若母亲是在森林中长大的话，她们也会倾向于回归森林，在森林中育儿。我自身就是一个很好的例子。我父亲是农村出身的，他的故乡是高知县。我的童年一直是在高知的大自然中度过的，别样的经历也造就了如今的我。幼儿时的那段经历对我育儿的选择起到了很大的作用，所以当我面临育儿问题时，当时满脑子想的都是要重返乡村。

将女孩送入"森林幼儿园"培养，20年后，当她们也为人母时，便会想起自己儿时愉快的经历，自然就更想回到那样的环境中去带大自己的孩子。如此一来，鸟取县出生率不断走低的颓势说不定还能得到缓解呢。这样一个循环需要20年，其间有很大间隔，但必须得坚持下去。若是顺利，那20年后便能看到希望。

第一届"百人委员会"中最有人气的是教育文化部门，当时差不多有60名成员。政府行政部门会拨付预算，但不管什么方案，要获得预算必须通过该委员会的讨论才会被采纳。在2010年的企划案中，我提出的"森林幼儿园"项目得到了青睐。部门会议上，委员们提议将我们的方案纳入预算交涉，理由是"你们已经有组织地开展了一些活动，项目具有可行性"。这次能够得到委员会的理解，很大一部分原因也是因为我们先前已经迈出了一步。

然而，项目一开始，就遇到了来自议会方面的阻力。这是因为，议会认为，"百人委员会"从一开始就根本没有把议会放在眼里。他们认为，成立"百人委员会"，等于把自己一直以来做的事都委托给"百人委员会"来做。所以对于"百人委员会"，议会是一直心存芥蒂并严加防范的。在这种状况下，我接受了一家媒体的采访。媒体在3月份议会开会前就作出了类似"森林幼儿园"已经得到承认的报道，于是我被叫到议长办公室接受质问。某位议员甚至认为，我们会被误认为是国营的，所以不允许我们使用智头町的名字。而我只是想通过这一举措让全国的人们都认识智头町，所以当时确实感到吃惊。当然，那时的误会都已一一解开，大家现在都非常理解也很支持我们的工作，这也是智头町的优点之一。

下面的话题有些令人沮丧。有些人断言，日本现在面临着严峻的人口缩减，地方正在不断消亡，乡村山林生活也将无以为继。放眼全国，深山中早已寻不到人类的踪迹，反倒是不断被野猪和鹿群所占领，土地荒废、山林荒芜的问题十分严重。但只要到智头町看看，便会发现那里的状况与人们所想象的完全不同。虽说也有一些没有耕作的田地和没有修整的山林，但也不至于沦落到令人绝望的地步。在这些地区，只要打造出"森林幼儿园"以及配套的"妇产科医院"，必定会吸引一大波年轻人移居至此，生子育儿。按照这一构想，"森林幼儿园"带来的不仅是育儿问题，还是一场具有深远影响的改革。

比如其对教育产生的影响。若我们一直按照旧有的方式进行教育，我们终将撞上现实那残酷的高墙。人们总是囿于现状，不愿意作出任何改变。而作为一名母亲，我深感现行教育背后所蕴含的危机。我总是禁不住地想，现在小学阶段的孩子们在20年后将会变成怎样的人才呢？把孩子培养成什么样的人，其实在很大程度上取决于孩子们的生活环境，而在这方面，父母的责任很大。虽说现在的学校教育也在不断推崇学生们主动学习，并进行了一系列的改革，但若是不从源头上治理教育行业存在的弊病，将很难带来任何实质性的改变。作为民间力量，既然意识到了这个问题，就应献出自己的一份力量，将这份决心付诸实际行动，去改变教育的现状。

打个比方，如果用"自由学校（free school）"①这样的学校教育代替以往的学校教育，并不断普及，最终国家也会承认。在这种体系下培养出来的孩子，用自己的思考去工作，将会产生令人吃惊的效果。因此，虽然会耗费大量的时间，但我们也要将"妇产科医院""森林幼儿园""萨德伯里学校"组合起来，去做这样整合的工作。

现在，我们提倡的这一组合方案，正作为社会系统，在本来前景暗淡的各地不断得以建立和完善。我们希望通过这一措施，为日本社会注入活力，也就是通过"森林幼儿园"这一王牌项目，起到让地区起死回生的作用，并逐渐走出人口减少的社会阴霾。

目前，还看不到国家出台有效防止人口减少的政策，而"森林幼儿园"正可以起到社会变革的起爆剂的作用。我愿意继续挑战下去，将智头町版"森林幼儿园"模式不断推向全国，把这当作自己义不容辞的使命！

采访者：泽田廉路
译者：黄俊捷

---

① "自由学校"，指不按传统讲授法，而是让学生按兴趣活动的学校。

第五章
发轫于智头町的
田园面包店

"小格麻理"店主

渡边格、麻理子

2015年,田园面包店"小格麻理"搬到了智头町一处童话般的托儿所旧址。与优美的环境为伴,他们在这里开始使用天然酵母制作面包、比萨和当地啤酒。为了品尝到渡边格与麻理子夫妇制作的面包,全国各地乃至海外的食客纷至沓来。"小格麻理"的经营理念在于实现地域内循环和"菌本位制"。他们通过栽培啤酒花和番茄,以及自制火腿等,来丰富具有当地特色的菜单。

1 智头町的印象和体制

来到智头町之后,我看到了事业无限延展的可能性。之前我们一直担心,作为外来人要获得当地居民的信任,让大家理解我们到底想要做什么,也许至少要花上几十年的时间吧。要想和地区建立起联系,单纯靠个人的力量是很费时的。但是,在智头町我遇到了支持我们挑战新事物的机缘,感受到了一种认真倾听我们想法的体制。实际上,从原材料的采购、栽培到农业耕作方法等,町长寺谷诚一郎带领的町政府都率先进行了很多宣传、启发活动,其效率之高与其他地方自治体大为不同。

之前我也曾憧憬过:"如果能跟地区中的人共同完成这些事就好了,如果农家的人能够生产这样的作物就好了……"但是囿于个人的能力有限,这样的想法一直没有实现。而在智头町,身边的人率先行动了起来,积极帮助我们实现了自己的梦想。

由于智头町原有的小学和托儿所旧址的管理被政府委托给地区振兴协会,对借用原托儿所场地经营店铺的我们而言,很多事情直接跟附近地区振兴协会的办事处商量就可以了。而这要是在其他地区,遇到问题时有时会陷入不知道跟谁协商,也不知道怎么解决的困境。值得庆幸的是,在这里,这些事情会得到有组织地应对,我们对这样的关系也很了解,这十分难得。我知道,即使是很小的社区,居民们也会有各种各样的意见。但是这里随时都能够跟地区振兴协会或政府的人协商,这样的体制让我感觉很安心。这也是为什么我们希望自己从事的事业能够为那岐地区、为当地作出贡献的原因,而且有事情首先想到的就是与对方商量。

在租借旧托儿所的时候，我们有机会得以向当地人做了一次情况说明，向居民们讲述了我们要在这里酿造工艺啤酒，设置制粉机，开展相关业务。之后，当地居民不时在"小格麻理"聚会，我们之间有了更深入的交流。电视、广播和报纸等媒体也对我们进行了一些报道，加上新的啤酒酿造业务也进展顺利，想必当地的人应该也是认可了我们的成绩吧。

现在，"小格麻理"入口处的停车场旁摆放有直接贩卖当地蔬菜的架子，这是以那岐地区振兴协会的人为主，向来到"小格麻理"的客人们出售当地农产品而专门设立的。

当然，并非一切都那么顺利，也发生过一些摩擦。比如，有人投诉说原小学的停车场里停了"小格麻理"客人的车。一开始政府的人说可以用，我本以为应该没什么问题，但又有当地人对我说，不要让车停在那里，这让我十分困惑。于是我去咨询了政府的规划部门，最后政府规划部门和地区振兴协会协商后决定，可以停车。所以，即使有各种各样的意见，只要有当地部门出面协调、解决问题的体制，有问题也能解决。

2 天然菌和面包制作

我们有一个大原则，就是全部使用天然菌类来发酵面包和啤酒。每天同菌类对话，让我感觉就好像宫崎骏导演的动漫电影《风之谷》中菌类森林"腐海"的世界变成了现实。菌类的作用是净化一切、分解一切。像东京这样的大都市，到处充斥着化学物质，许多菌类连这些化学物质也要去分解，所以在这样的环境中，很难做出合格的发酵食品。如果在纯粹的传统环境中，发酵应该是没有问题的。

而在智头町这样优越的自然环境中，使用优质材料，就能使天然菌类很好地发酵。严格地说，东京也有使用天然酵母的面包店，城市的面包店也可以做到只用酵母发酵。但是，在城市里提取不到天然的酵母菌。现在我们用自己收集的天然酵母菌制作酒种面包，这样制作出的面包就具有了智头町独有的味道。

也许是我生在东京长在东京的缘故，总觉得自己的感觉有些迟钝，但是来到这里后，情况正在慢慢好转：自己的观察力也比之前好了，能做出一些以前做不出的东西，面包的味道也好了很多。这是为什么呢？我想理由大概不止一个，而是整体上的改变。生活环境变好了，食物、空气、水质也都得到了改善，整个人都放松了下来。

身心状态之所以能调整好，其中一大原因在于面包制作方法上的根本改变。我们现在掌握了一种之前想做也做不到，而且整个面包制作行业几乎都做不到的技术。专业的话题这里就不详细说了，我想说的是，这是一种颠覆以往烘焙理论的制作方法，对我而言十分有趣，而且如果不来智头町，也是不可能实现的。即使它当前还没有得到面包行业的广泛认可，但我也相信总有一天会得到好评的吧。如此一想，我就更加自信了。之前我对自己没有信心，无论做什么，都感觉不到有人需要自己。来到智头町后，让我重拾了对自己的自信。

我感觉在智头町，还有不少人也对自己很有信心，自信自己能够很好地生存下去，没有那种被拖后腿的感觉。一直以来，我一直都在竭力制作面包，也有各种各样的评价，包括不好吃，太贵了，按照这样的经营理念撑不到多久等。在这样的压力下，人很难去肯定自己。但在智头町那岐地区，有一种大家共同守护地区的氛围，这给了我很大力量。

3 智头町的民风和美丽的乡村

无论是乡间还是城市，经营店铺本身都是很辛苦的事情。相比而言，城市的竞争更激烈，经营起来可能更费劲。我在城市面包店研修学习的时候，经常会听到"我们店里用的都是优质的原料，那家店用的材料不怎么好"之类相互贬低的声音。在东京，人们互相之间都不太清楚对方在做什么，所以让人有一种竞争不断加剧的感觉。

利用自然资源可以做成一些不错的东西，通过提供服务，就能换取报酬，这大概就是经济的基本原理了。在现在的城市中，人们有点越来越搞不清楚钱是怎么产生的了。我认为这一点是乡间和城市的一大区别。

智头町、鸟取县的第一产业兴盛，大家都明白只要付出汗水，辛勤劳动，就会有收获。值得庆幸的是，开面包店也是一份容易被理解的工作。当地人看到我们辛勤的劳动，就会给予正当的评价。而且在智头町，任何一家店铺倒闭都会造成很大损失，所以有一种大家共同守护每一间店铺的精神。对此，我也觉得自己必须用心去回应大家的好意。

鸟取县的人口数量是整个日本最少的。就像我听说北欧国家人口稀少，所以非常重视每一位国民的力量一样，我在鸟取县也感受到了这种气氛。比如我们夫妻二人,是鸟取县人口的五十七万分之二,在东京,就是一千三百万分之二,比重足足相差了二十几倍。这让我想起了一句俗话:"宁为鸡头,不为凤尾。"

决定搬到那岐地区的时候,我们用《"小格麻理"的发酵与地域内循环概念图》向当地人做了展示,告诉大家我们想要做的事情。也许在当地人看来,这都是传统中经常出现的理所当然的做法,所以当我们通过概念图清楚地表达了自己的意图之后,便得到了他们的肯定,认为我们的事业"对地区有好处",仿佛在告诉我们,"这只有你们才能做得到,大胆地去做吧"。

直到现在,世间仍然有人会说,"开面包店的只管负责制作面包就好了","一个开面包店的出什么书呀,还在博客里大放厥词"。我一直就是在这样的氛围影响下生活着的。但是现在,当地人完全认可了"小格麻理"独特的经营方式。除了面包外,我还像当地百姓一样制作比萨、酿造当地啤酒,也写书、发表演讲。这样,一下子感觉到我所有的时间全都变成了自己的。只有得到社会的肯定,才能实现自我的肯定。

虽说不可以公私混淆,但就像女性在孩子面前是母亲的表情,把孩子送到托儿所后就转变成工作的表情一样,一天中随着时间和角色的转换,要发生很多次这样的表情转换。在城市中,我们就不得不扮演着不同的角色,但是来到智头町之后,能够一直做我自己,感觉真是太好了!

4 智头町政府的迅速应对

决定让儿子去上"森林幼儿园",是我搬到智头町的直接契机。本来我们打算住在冈山县美作市①,每天送儿子去智头町上幼儿园,但为什么最后决定把店铺和家都搬到智头町呢?这应该归功于当地政府的应对。智头町政府规划部门高效的工作和细致的应对实在是让我吃惊不小。当时接待我的是规划部门的国冈大辅。

国冈的上司酒本和昌读过我的书《乡间面包店发掘的"腐败"经济奇迹》,因此他知道"小格麻理"的故事。在他的指示下,国冈和芦谷特意来到了当时位于冈山县胜山的"小格麻理"店。第一次通话时我曾向对方说过:"虽说我们想让儿子上'森林幼儿园',但没有想要搬到智头町的意愿,即使您特意跑一趟,也只能是不好意思了。"但对方回复说:"没关系,给我们一小会儿就好。"我只好答应说:"这样的话,最多就一两个小时吧。"结果他们第二天就来到了胜山。

他们的态度既绅士又温和:"我们并不是一定要'小格麻理'来智头町,只是能不能请您告诉我们,'小格麻理'想要做什么呢?"我向对方解释了想要做的事情,以及正在找什么样的地方。说明了大概情况后,我对他们说:"不好意思,我们预计明天就要跟美作市去交涉场地问题了。"

第二天,我们本该在美作市签订一处自家住房兼店铺场地的合同,而且"富士电视台2001报道"栏目的摄制组为了拍摄合同

---

① 与鸟取县接壤,和智头町相邻。

签订的过程，也随同我们一起来了。但是，合同中出现了我们意想不到的条款，摄影机从头至尾捕捉了一头雾水的我们夫妻俩的疑惑和失落，真是太让人为难了。最终，我们和美作市的合同告吹了。

因为我们已经对外宣布了关掉胜山店并进行搬迁的消息，而如今新的搬迁地落空，"小格麻理"的命运一时悬在半空中。但是电视台也来了，我们也不能一直消沉下去，一定要找到新的搬迁地。我一边这么想着，一边问妻子麻理子："对了，昨天来过的智头町政府的人的名片还在吗？"拿到名片后，我就给智头町政府办公室打了个电话，对方对我说："请您半小时后来一趟吧。"30分钟后我准时来到这里时，对方已经为我们准备好了车子。我们坐车抵达之处，就是"小格麻理"现在的店址——那岐托儿所的旧址。而且，对方还细致地准备了便于我们入内参观的拖鞋、手电筒之类的东西，如此之高效和周到让我们大为感动。房间条件与我们内心设想的几乎完全匹配。水龙头中流出的是清甜的地下水，还有能容下六米多高制粉机的空间。昨天只是在短短的交谈中提出了一些条件，他们就为我们找到了这样一处完全符合心意的地方。听说他们在同我们交流的过程中，就作出了现在废弃的那岐托儿所比较合适的判断，我从未遇到过直觉这么准的政府工作人员，这让我颇为吃惊。

实际上，在一个多月前，我们来这里参观"森林幼儿园"时曾经路过这个那岐托儿所的旧址，当时我就不经意地说："这里可真不错啊。"所以，当工作人员们领着我们来到这里时，我大吃一惊，有一种命中注定的感觉。这真的是最完美的又极富戏剧性的选址，这让我觉得选择这里并不是偶然，而是一种必然。除此之外，无须他求。

5　面向开业，当地的回应

我们立即向政府请求租借废弃的那岐托儿所。当初胜山店开业时，装修之类的活儿所用的资金都是自己的，这次我们也打算靠自己的力量去做。为了做好电气施工，我还买了考电工资格的参考书。因为之前从来没有从行政部门获得过优待援助，所以这次也没打算依赖智头町或是鸟取县的补助。

但是，在搬到智头町时，让我惊讶的是，大家都很热情地向我们提供帮助。比如说，为了能够自己完成搬迁，我考了叉车和起重机的驾驶证，但是智头町的林业家大谷训大主动对我说，"让我来操作吧"，并熟练地驾驶起重机，把一切都安置好了。无论是当地人的好意，还是行政部门的支援，这种协作的体制远远超出了我的期待。相反地，我们不指望政府的补贴，这对当地官员来说也许也算是新鲜事吧。

改装设施的时候，地区振兴协会出面帮助我们向当地政府申请了援助。他们对我说："总之，在议会结束前，请先不要自己动工。"当时我们也不知道有什么事情要发生。之后我们才知道，他们是在办理预算申请以及取得议会许可的手续。最终，智头町决定援助地区振兴协会，这样的结果让我们感激不尽。

除此之外，在决定租借废弃的那岐托儿所之后，我们有机会向当地人介绍我们想要开展什么样的事业，这样的机会前后一共有四次。能够给我们和地区的居民进行充分交流的机会，也是非常难得的，所以我们想要报答智头町、报答那岐地区的心情也更加强烈了。

6 "菌本位制"和夫妻关系

除了上述的事情之外，还有各种各样的好运眷顾我们。当时智头町的"森林幼儿园"和自伐型林业已经是闻名全国了，所以我们恰好也是赶上了这个大好时机。要是错开几年的话，就不知道会不会这么顺利了。

实际上，我们正在探索的发酵过程非常之困难。如果用买回来的纯培养菌来发酵的话，几乎不会失败，但像我们这样从空气中直接采集天然菌种进行发酵的话，会意外地遇到很多阻碍。

发酵受自然环境和原材料变化的影响非常大，往大一点说，我觉得一个区域社会中的各种问题都会影响到发酵，所以要开好面包店，就需要把整个区域社会整合得很好。比如说，如果在这个山上建高尔夫球场，那么我们整个发酵环境就功亏一篑了。因为高尔夫球场要喷除草剂，会污染地下水，这样一切就都完了。再比如，如果在这里建有大型的废弃物处理厂或者有从事畜牧业的人，那么我们的经营也就基本结束了。

参与发酵相关工作的人的心情和精神状态也会微妙地影响发酵。不仅仅是我这么觉得，面包店的其他店员们也都有同样的感觉。有时，面包的发酵效果不太好，问一下原因，员工对我说："对不起，是我的问题。"好像是他们夫妻昨晚在家吵了一架，心情十分低落。虽然有点不可思议，但这样的事情也会影响到发酵过程。

这种事情如果不是从事发酵相关的工作，可能很难注意到。只有用纯粹的天然菌发酵之后，才会了解到现实中确实会产生很多奇奇怪怪的现象。如果不能完全接受并学会去享受这些现象，就很难坚持下去。不过,之前也有很多员工觉得这份工作费时费力太过辛苦而辞职的。

不仅仅是发酵,制作咖喱的过程也一样。同样的土豆、洋葱、胡萝卜和咖喱粉,即使在相同的条件下,每个人做出的咖喱口味也不同。在胜山的时候我听过这样一种说法,说过去老奶奶们做辣椒腌菜的时候,如果生着气做,腌菜就会变辣。所以说,在做东西的时候,人的情感能够投射到制作的东西上。

这样的人类情感和发酵之间的关系或许有些难以理解,但如果能发现意识这种东西的形成机制,可能就比较易于理解了。在物理学的世界中,据说意识存在的证明还需要 100 年。科学的事情就让学者们去研究吧,到时候说不定为什么无法发酵也会变成一个需要求证的问题。

我们"菌本位制"的理念就是要整合好区域社会和劳动条件,以便于天然菌能够良好发酵,以此来实现当地自然环境和社会的可持续发展。为了让员工们尽量维持良好的家庭关系,要给予他们适当的休假,并支付能够保证他们生活质量的薪水,所以我们必须通盘考虑好我们的整个事业。也就是说,我们的工作是要协调好区域社会、自然环境、原材料以及员工们的身心健康。

在一个地方经营买卖,会有人说,获利的都是店家自己,还会有人拖后腿,故意阻碍事业的发展。之前因感受到来自周围的巨大压力,我曾经体重大降,但是搬到智头町之后,见到久违的朋友,大家都说我的面色和情绪变好了,看起来很有精神。与大自然为伴工作,容不得半点虚假。如果我们的事业不能对当地有所贡献,那也会很难维持下去。

7 古老又美好的令人"骄傲"的乡村

智头町的魅力在于，它完整地保留了一个地域的社区和自然环境。像这样保留着古老又美好的日本风貌的地方是多么珍贵呀！

着眼于未来地区建设的投资是十分重要的，但是最近，能够用长远的眼光投资未来的人越来越少了。年轻人们也习惯于追求快回报，那些想来这里学习做面包技术的人也是，他们往往觉得学个制作面包一年左右就差不多了吧。

应该用长远的眼光来考虑问题。比如说，以林业为例，10年、20年树龄的杉树是没有用处的；长到60年左右，才算是长成了一棵可供采伐的树。本书第六章出现的大谷等人，他们现在就是通过采伐爷爷种植的树木来获取收入。他自己也说，自己也是为了子孙一直在从事林业的。通过做面包，我自己也切身体会到，要熟练掌握一项技术，至少要10年。用心培育一个事物，是要花费时间的。

如今的世道流行的是在短时间内拿出成绩来，而在智头町，很多人善于用长远的眼光来思考问题。这可能也是林业兴盛的智头町的一大魅力吧。

现在或许有很多人觉得世道变得越来越艰难起来了。事情都是由国家自上而下决定的，最终政策支离破碎，把许多事情搞砸，这才是导致让人觉得生存愈发艰难的原因吧。不要总是追求能立见成效，特别是人才培养，更是需要花费时间的。如果乡村的人们能一同策划10年之久的事情，那就很可能发生有意思的变革吧。集腋成裘，聚少成多，即使是再小的努力，积累起来也能得到成果。

我的目标是，10年后、20年后，把每一个环节串联起来，用心地创造一个可循环的区域社会。

8 "地域内循环"和面向未来的投资

我家有一个固定的做法，就是无论多忙，哪怕餐桌上只有一道菜，我们都要自己做，而不是去吃现成的东西。这是因为我觉得，如果孩子一直吃着家庭的料理长大，即使他成人后到城市去，也会因为食物口味不习惯，感觉到乡下的好，从而回到乡下来。反之，如果让孩子习惯了吃速食，就相当于给他买好了去往城市的船票。

地域内循环概念图

今后，我想把"小格麻理"打造成接近《地域内循环概念图》所展示的样子，虽然现在只做到了两成左右，我想花上数十年，让它百分之百地接近所设想的状态。

我们正在挑战的是自家收集天然的酵母菌。做成这件事的条件，就是要保证这山里的水、空气和土壤干净。但现实的情况是，即使是夏天，尝试100天，也只能成功一次。我觉得，如果山里的自然环境更好一些的话，采集成功率就应该会上升。

为了让周边山上的自然环境更加干净，首先，农业要使用无农药和肥料的方法来栽培蔬菜和谷物，这很重要。作为食品加工业者，我们想做这样一个可循环的系统：我们通过合理的价格购买环境友好型绿色农业生产出来的农作物，然后用它做面包或是精酿啤酒，请农民帮助我们精心管理土地。问题是农业栽培不使用农药和肥料难度很大，不仅仅有经济上的问题，也必须和当地的农民达成各种共识。虽说这并不容易做到，但我还是想一定要去实现它。其次，要让水源变得更干净，林业十分关键。我也想通过支付合理的报酬，请林业产业者们帮我们守护森林，形成一个可循环的系统。现在，我们有时用燃料球来烤比萨，有时也使用柴火炉，今后将尽可能地利用木材资源，使用自然界的能量。虽然把木材变成柴火也要花费工夫，但是如果能利用森林资源，并将其变成一个产业的话，也是很有意思的。总之，想先花10年时间，慢慢地实现我的构想。

另一方面，作为店主，我也深知效率的重要性。从好的意义上来说，也有进行改革的必要性。譬如，当初创立这家店铺的时候，我们用的比萨石质烤炉是自己制作的，因为设计得不是很好，所以烤出来的比萨效果也不好。虽然花费了大量的时间和金钱，但前几天还是狠心把它毁掉了。我没有因为好不容易做出来而感到留恋不舍，没有想放在那里去欣赏它，既然没有用处了，就干脆不要，再去做下一个更好的选择。

在胜山的时候，我们还自己挖了一口井，但它的出水效果也不好，最后还是填回去了。迄今为止，有过太多类似的徒劳和失败，但是我觉得这些都是有益的。既然是尝试新的事情，所有的经验都是有必要的。当时觉得有必要的事情，就会尽力去做，但是试过之后意识到问题，就改变想法。总之，不试着做一下，有很多东西是了解不了的。

9 "小格麻理"的未来

今后，我们会认真打造好"小格麻理"的业务核心，增加雇用人数。业务如果达不到一定规模的话，就缺乏社会上的说服力。如果产量提上来，相应地就能使用更多的地区资源，甚至辐射到周边地区。看看"小格麻理"一年中采购了多少番茄，进货价格是多少，就觉得规模越大越有趣。此外，精酿啤酒是我们的新兴业务，也想把它做大做好。

来到我们店里的客人，不仅仅能享用面包和啤酒，还可以看到乡间许多年轻人聚在一起工作的样子，这也会让他们感到兴奋。在深山幽静的环境中，一进到店里就能感受到一番活力，看到大家一起制作食物的空间，人的心里也会感到快乐。

麻理子曾住在距离涩谷徒步 5 分钟左右的地方，她小时候读了一本书《大草原中的小房子》，从那时起，她就产生了要在乡间安家立业的想法。而我生长的地方虽然属于东京都，却是在距离埼玉很近的东大和市①，家就在一个叫多摩湖的狭山丘陵的森林旁边，所以我对乡村并没有什么憧憬。之后，我考上了千叶大学的园艺专业，第一次参加农业研修的时候，才意识到了自己对城市有了违和感。

那时候的东京，能在 30 坪②的土地上建起 5000 万日元房屋的人，才勉强算得上是一个混得不错的人，这是常识。但我意识到，这难道不是一种强加于人的价值观吗？那样的话，还不如去到乡下，用 2 万左右日元租下带 1000 坪土地的 100 坪房子更能过上正经的生活。虽说我从学生时代开始憧憬田园生活，但要掌握好相应的生活技巧，实际上真的开始田园生活，还是个问题。于是，我选择了在一家农产品批发公司就职。在那里，在和来自全国各地的农民交往过程中，我发觉田园生活并不像我想象得那么容易。还是要掌握一定程度的技术，如果说不清楚自己究竟是做什么的，应该也不会被乡下人接受。

之后，我在面包店做了 5 年学徒，当感觉自己掌握了这门手艺后，心里就涌现出了想要挑战东京名店的想法。跟麻理子商量之

---

① 是位于东京都郊区多摩地区的一个市，与埼玉县接壤。
② 日本等地的房屋或土地面积单位，1 坪约合 3.3 平方米。

后，她说在东京开店肯定是不可能的，所以我们决定还是回到我们梦想的原点，开一间田园面包店。之后，我们先后搬到千叶县、冈山县，最终在智头町安顿了下来。今后，想在这里实现我们"地域内循环"的理想，让工作和日常生活都变得更加充实。

采访者：泽田廉路
译者：宁越

第六章
自伐型林业① 与"智头森林学舍"

"皋月屋"创立者

大谷训大

在大阪、旧金山和温哥华等地进行人生修行时,不知什么缘故,总能听到智头町开展地区建设的消息。2009年,受到"探寻发掘身边之宝"②的感召,我选择回到家乡,过上了继续守护祖父母培育的山林的生活。2010年我投身于自伐型林业建设,并在2015年借鉴奥地利的林业教育模式,创办了"智头森林学舍",开始传授林业知识,决心将智头林业很好地传给下一代。

---

① 自伐型林业:日语"自伐型林業(Jibatsugata Ringyo)",是一种可持续的森林管理方法,由农民和林地所有者自行采伐,而不是由林主委托经营、管理和运营的林业类型。

② "探寻发掘身边之宝":在结城登美雄"应当从对消失事物的执念和纠结中脱身,转为探寻发掘身边已存在的事物"这一说法的指引下,大谷训大选择回到家乡智头从事祖辈们的林业。在本章第三部分有具体论述。

1 从嘻哈族到赴美体验生活

我之前对林业完全不感兴趣，而是沉迷于初中时就喜欢的街头文化。从初中一二年级的时候起，我便开始接触滑板、嘻哈说唱等街头文化。与它们的初识是在篮球部，从那时起，我便开始沉迷于嘻哈说唱，并由此对美国文化产生了浓厚兴趣。

高中时，老师问我要不要去加拿大进修，虽然教导老师同意我去，并对我说："你就去试一试吧。"但我还是有点犹豫，就回答说："请给我3天时间，让我再考虑一下吧。"考虑再三，最终我还是向老师说，"抱歉，我不去了"，放弃了去加拿大进修的机会。现在想来，这是因为当时自己并不擅长英语，不能与当地人进行沟通，想到要在加拿大的寄宿家庭待一个月，让我感到为难，因为害怕，才选择了放弃。这件事情一直萦绕在我的心中，久久不能释怀。到了现在我才明白，那是因为当时我选择了逃避。

高中毕业后，我从大阪的建筑类专业学校毕业，参加了企业的求职面试，但由于我玩心很重，所以一直没有找到固定的工作。无奈我只能一边策划嘻哈活动，一边打零工。可是，我内心深处始终觉得，没有一个正式的、体面的工作，有愧于父母的养育之恩。

从18岁开始的4年间，我一直在心斋桥附近的美国村周边打工。虽然生活比较艰难，但那时候每一天都很刺激、很有趣。我做了2年和嘻哈族相关的兼职。让我重新思考当下生活现状的契机是二十二三岁时发生的一件事情。

有一次我和朋友们打完零工，晚上照常聚在一起吃喝玩乐，到了第二天，当我猛然睁开眼睛，发现我们四五个成年男人在工作日的大白天一起睡成"川"字形状,这使我感到惭愧和无地自容。"嗯……再也不能这样继续下去了啊!"于是我醒悟了。我不断地反问自己:"虽然这里的生活每天都很开心,但是这种开心对将来有什么意义呢?我到底在做什么?"这种想法让我顿时清醒警觉起来。于是,我跟朋友们做了告别:"我要回老家了,攒些钱后准备再去美国。"然后回到了故乡智头。

回到智头以后,最初在一家电子产品制造厂打工,从事家电产品零部件制造的流水线作业,但我觉得这份工作并不适合我。接着我又找到了一家建筑公司,该公司承包了鸟取姬路①高速公路的修建工程。我参加了智头出入口和用濑②出入口间的土木工程的工作。当地的建筑公司承包了两个隧道之间的道路建设工程。我对上司说:"一年后我想去美国,所以想来工作赚钱。"工作了大约1年时间,总共攒了150万日元。

攒够钱之后,我便准备动身去美国。由于在美国没有熟人,没有门路,所以我是通过中介去美国的。只有语言学校和寄宿家庭是我自己通过网络联系的。寄宿在一个美国大妈的家里,周围都是外国人。我想跟他们交流,但是语言不通,没法沟通,导致生活上很多不方便,于是我决定好好学习英语。置身于这种环境,激起了我学习的兴趣和热情,这也是我人生中学习最用功的一段时间。

嘻哈文化意外地跟林业相通,能激起人们对于家乡的归属感。嘻哈文化中常说"Represent",表示"代表某某"的意思,例如

---

① 姬路:姬路市。位于日本兵库县南部,播磨平原中部。
② 用濑町位于日本鸟取县东部千代川沿岸,邻接冈山县。

"代表鸟取""代表大阪"等，类似的讴歌和赞颂经常出现。虽然嘻哈文化是起源于纽约的文化，但旧金山也有旧金山的嘻哈文化。例如他们会说"我们就是旧金山"等。所以当嘻哈族的时候就非常能够理解这种感受，并能够了解其想表达的感情。

在美国，跟别人擦身而过的时候，经常被别人喊道"Hey, Chink!"（嘿，中国佬！）Chink（中国佬）好像是对中国人的歧视语，所以我经常解释说："I am Japanese."（我是日本人。）

当遇到熟悉日本的人问"你来自日本哪里"时，我便回答，"我来自鸟取"，并告诉他们鸟取位于大阪和广岛中间。在这一过程中，我逐渐萌生了自己是日本人的归属感。虽然在国外的生活很短暂，但正是从那个时候起，我意识到了自己是日本人，我的身份属于鸟取，更进一步具体来讲，属于智头。

最后我去了加拿大的温哥华。虽然我继续在英语会话学校学习英语，但在国外生活了半年之后，我忽然意识到，自己一直都跟日本人待在一起玩耍。这让我对自己、对国外的生活产生了厌倦。我觉得自己差不多该回归正道了，于是我决定回国。

虽然我在国外积累了很多经验，也终于决定回国发展，但还没有想好回到日本后具体要做什么，要从事什么样的工作。

2 宁做鸡头，不做凤尾

初中的时候，伯父曾告诉过我，"宁做鸡头，不做凤尾"。那时候我的外祖父自己经营林业，是一个脚踏实地工作的人。而我现在还在使用外祖父当年用过的厢式货车。我想，这也是缘分吧。

也许是因为见过外祖父劳作的身影,我一直将伯父这句话记在心里。这句话也促使我开始思考:"我也自己创业吧,但是,到底做什么呢?"

十多岁的时候,我一直想留胡须。初中时我曾将父亲的增发剂涂在下巴上。所以,即便到了求职面试的时候,我也还是想不明白刮胡子的意义,对刮胡子一事感到很排斥,并产生了逆反心理。"留胡子不也挺好的吗?既不会影响人格,也不会影响工作。"应该说嘻哈文化本身也具有这样的反抗文化的一面。

从美国回到智头后,我拜托熟人和前辈们给我介绍了建筑公司的工作。在那里我学会了操作重型机械设备。之后在鸟取市,经人介绍我认识了一位建筑业方面的包工头,从而得以了解到自营业的经营方式。正巧在这个时候,我跟现在的妻子相识并结婚,之后我们一起住在鸟取市。

这位自营业包工头是旧佐治村出身,也是刚刚独立成为包工头的。他一个人承包房屋建筑和各种土木工程建筑的基础工程,并组织施工作业。作为包工头,为了手下人有活干,他必须去争取项目。尽管目前他自己是赔钱的,但为了养活员工,也不得不拼命工作。我从他那里,学习到了待人处事之道和做人应具备的生活态度。

我认为,山林的治水很重要,建筑业也同治山治水一样,是具有保护国土责任的重要职业。能在当地的建筑业工作,积累了不少土木工程方面的技术经验,这对我来说是很有益也是非常有必要的。如今,公司相关的工程业务在一定程度上都可以由我们自己来完成。要想做成事情,没有经验是不行的。现在再回过头来看,堆砌石墙、搭建房屋地基、铺设自来水管等,各个工程部分虽然是独立的，但最后都作为一个整体出现，是一个由点连成线的过程。

3 在结城登美雄的"探寻身边之宝"的指引下，与智头林业的相遇

住在鸟取市时，经常听人们说起家乡智头的事情①。这让我不禁心生感慨："智头也不容易啊！"我向一位认识的政府职员询问，为何大家都在传关于智头的消息呢？他回答道："因为智头的领导对地区建设很有想法，并且执行能力很强。"还有就是智头没有被合并②，我想这也是其中的重要原因之一。

市町村合并时，我住在鸟取市，所以没能投票。父亲告诉我，如果智头町被合并的话，原本属于町所有的林产会变为市所有，成为市里的公共财产，那样的话会导致智头町的町有财产分散。

以前我访问北海道综合研究机构林业试验场时，就听到有人说"智头林业属于能够培育出优质杉树的林地"。从遥远的北方人口中听到对家乡智头如此高的评价，我也感到十分自豪。

大约10年前，我有幸认识了鸟取大学地域学院教授家中茂先生。之后，他又邀请民俗学者结城登美雄为我们做了题为"当地学"的演讲。那天晚上的恳亲会在芦津聚落举行，我也去参加了。当时结城先生谈到的我们应当从"追求未曾有过的东西"向"寻求发掘身边之宝"转变。他的这一观点给我留下了深刻印象，至今仍

---

① 指智头町的地区振兴活动。
② 是指日本政府为了强化地方行政改革、应对少子老龄化等目的而推行的将市、町、村合并的措施。而智头町并没有与鸟取市合并。

准备整治自家杉林的大谷氏

然记忆犹新。

特别是刚开始个体经营的时候,结城登美雄先生的这句话让我萌生了"探寻发掘身边之宝"的想法。于是我开始留意和关注自己家中的田地和山地。

我问过父亲才知道,其实家里山里的活儿很多,由于作业总是落后,赶不上进度,导致自家的山林没能进行间伐①。我父亲当时在智头森林行会工作,他经常抱怨没有足够的时间和精力照顾自家的林业。为了管理好家里的山地,我们当时花了60万日元买了一个小型液压挖掘机,加上已去世的外祖父留下的厢式货车,家里

---

① 间伐:在未成熟的森林中,定期地重复伐去部分林木,为保留的林木创造良好的环境条件,促进其生长发育。同时,通过间伐还能获得部分木材。

的机器设备基本上都全了,工作量也够。当时刚好是政权更迭,林业政策也开始发生大的转变。我切身感受到了时代改革之风已经吹到了山里面,感觉林业个体经营也是行得通的。

4 开始经营自伐型林业

我家的山林大概有 40 公顷,算是智头町里中等规模的山林所有者。我在家里的山上开始了林业个体经营。之后大概过了 3 年,慢慢有越来越多的人来咨询:"能帮我管理一下山林吗?"这样的委托逐渐增加。我自己也希望以"山林管家"的身份来经营林业,所以我就像修整自家山林一样,用心培育其他山林所有者委托给我的山林。我认真对待山林经营的态度得到了他们的好评,之后陆续又有人对我说:"大谷,你也帮我管理一下山林吧。"

铺设用于搬运木材的林道

像《智头町林业景观保存调查报告书》中提到的那样,智头林业从江户时代起就存在着看山人制度。我想坚持做山林的看守者,一边守护山林,一边继续经营公司,做到两不误。

一开始的时候,父亲对我说:"你先试试从这座山干起吧。"这座山大概有2公顷,是爷爷为了纪念父亲出生而种植的,因此有特殊意义。爷爷曾亲自修剪、修整过。只不过,当时树龄虽有52年,但耽搁了间伐,导致山林过于茂密,以至于成了黑漆漆的一片。父亲对纪念自己出生的山林怀有强烈的感情,所以特地将这2公顷的山林委托给我。因此,作为山林管理者的开始,我决心把它做好。

之前在智头町内建筑公司工作的经历,让我积累了一定的经验,并在林业经营上发挥了重要作用。当然,这不仅局限于建筑工程方面。例如,当时有人教导我,"与其在工地里拿铁锹干活,不如出去找来工作更重要",并让我在外面大概奔波了3个月的时间去找活儿。这也是一次很好的体验。3个月中,我一边对照着鸟取市内的住宅地图到处奔波,一边打听"有什么让您感到困扰的事情吗?"类似这种直接上门式的推销我也做过,并且完全是靠自学成才的。

结果我得到了几份需求订单。我所在的那家公司从事的是建筑和古董收集的相关业务。虽然建筑是主要业务,但公司也同时经营拆卸业,并且出售收购的拆解后的古董。所以,一旦出现了老物件,公司就吩咐我去进行交涉。于是我就挨家去向人家问,"您有旧的东西需要处理吗?""您家需要进行拆卸工程吗?""有什么让您感到为难的事情吗?"等诸如此类的问题,这样到处奔波了3个月。从某种意义上来说，这段工作经历增加了我的胆量，磨炼了我的毅力，使我受益匪浅，是一次难得的社会学习的机会。

着手林业经营后，我才发现政府的林业政策是多种多样的。我销售的是间伐过的圆木，实际上销售圆木挣的钱和国家给予的补助金大约各占经营总收入的一半。另外，国家对山林中施工道路的维修工程也发放补助金。也就是说，如果林业没有国家资助，只靠赚取木材费来经营的话，恐怕无法得以维系。

日本林业的发展形势就是如此严峻。即便这样，智头町的山林经营由于以自伐型林业（即同时兼顾环境保护和经济利润的小规模看守型林业）作为发展模式，林业经营系统相对比较完善。而自伐型林业的经营理念来自个体经营。

5 挑战新型林业发展模式，创办"智头森林学舍"

我的商号"皋月屋"[①]的招牌起源于我住的五月田村落，因为我想跟林业之外的事物有所联系，所以将其取名为"皋月屋"。在创办"皋月屋"之前，我就跟从事自伐型林业经营的朋友们谈到，智头町需要一个"能够学习森林知识的场所"，在这一场所中，学习者可以磨炼林业经营技术，学习山林相关知识。这便是"智头森林学舍"的由来。如今，我一边经营"皋月屋"，一边担任着"智头森林学舍"负责人的工作。从我发现了智头林业发展所面临的挑战时起，我就暗下决心，我们这一代人无论如何也要解决目前存在

---

① 皋月是指五月，所以后文说该名称源于其所居住的五月田村落。

的问题，肩负起智头林业的发展重任。

自 2014 开始，由鸟取县主办的奥地利派遣事业逐渐兴起，我作为其中的第一届学员有幸前往奥地利参观学习。这个项目的资格审查员中，包括鸟取县的职员和鸟取大学农学部林业研究的老师。三位审查合格的人都是年轻的自伐型林业家。通过这次派遣项目，我了解到了奥地利林业的发展现状。不出所料，奥地利的林业与日本不同，他们的林业规模庞大，树种各异，这些优势都是很难被模仿的。然而，有关奥地利林业教育的部分却使我获益匪浅。

在奥地利，人们从出生开始就与林业关联密切。从事林业经营的人们，大概也是从小时候望着父母亲在林间劳作的背影，潜移默化地学习到了一些林业知识吧。负责接待我们的机关里设有专门针对外国人的研修所。在奥地利，如果想要从事跟森林相关的像森

"智头森林学舍"现场研修会

林保安员这样的工作，需要经过很多次考试，这一机制让我真切感受到了奥地利林业教育值得称赞和学习之处。普及林业教育与对林业从事者进行安全教育，这两者紧密相关。

相比起学校的教育风格，奥地利的林业教育更接近于社会教育的范畴。林业教育中针对林业事故的对策也比较先进。对比日本的林业，虽然日本木材的出货量在不断上升，但是与此同时，与林业有关的死亡率和事故率也成比例上升。

与此相反，奥地利林业的死亡率和事故率从20世纪90年代开始逐年减少。通过对这一现象的询问和调查，我发现从20世纪90年代开始，奥地利实行了更加彻底的安全教育，防护衣、链锯裤和安全帽的穿戴被义务化、制度化，并得到坚决的执行。我从这里获得了启示：智头町也需要林业教育。想要真正经营好自伐型林业，相对应的林业安全教育是必不可少的。我想等我从奥地利回国后，就向智头町提出建议，希望智头町也能营造一个有利于林业教育的有利环境。

回国后，我便向寺谷町长阐释了想要在智头进行林业教育的设想，并请求町里能将现在的町有林地借给我们使用。另外，我们还通过智头町，配套了开办林业培训机构的相关预算，为智头林业教育的开展提供了资金支持。我们还打算邀请来自奈良县吉野林业以及众多有名林产地的顶级讲师来到智头，在此授课。

从我开始创办林业培训机构"智头森林学舍"至今已经是第4个年头了。其间，所有培训加起来一共10天左右，每年秋天到冬天进行两到三天的授课。这一培训项目的总体规划是委托自伐型林业推进协会（以下简称"自伐协"）这一 NPO 法人①，派遣讲师授课，但其中具体的授课内容一定程度上是由我们自己来组织安排的。

智头町今年拿出了 150 万日元的预算作为支持创办林业培训的经费。这些预算拨给了"智头森林学舍"，其中一部分给了自伐协。开设林业培训的场所属于町有林地，实际上我们是将町有林地作为练习场所使用，同时，也对其进行了修整和保养。"智头森林学舍"的讲师一直委托给自伐协来物色和派遣。也就是说，我们在町有林地上开展林业知识培训，教学内容涉及自伐林业职业道德和经营技术等相关内容。而且，我们个人拥有液压挖掘机，大家实际操作，分组开展道路铺设工作以及搬运间伐木材等活动。可以说"智头森林学舍"是一个边学习边实践，可供所有学习者进行实践的场所。

由于一年中会举办几次林业培训活动，所以也会聊到移居的话题。我认为像现在这样，创造一个让移居者容易进入且易于学习林业知识的环境特别重要。我也时常向他们打招呼："有没有想要移居智头并从事林业的人呢？"如今，"智头森林学舍"拥有大约 30 名会员，其中包括町内居民、町外人员和移居民。

会员中有几个人每天都会在工作现场出现。跟我一起成立"智头森林学舍"的国冈将平负责办公室工作，他自己也是自营业主，同时还负责承担学员的工作分工、人员分组以及各类会议的运营等专职工作。正是因为有了他们的帮助和支持，"智头森林学舍"

---

① NPO 法人："Nonprofit Organization" 或 "Not-for-Profit Organization" 的缩写，即"非营利法人"。

才得以发展。

由于"智头森林学舍"的代表是我自己,存在非法人团体无法买进机械设备或无法租借的弊端。为了获得法人资格,2017年春季我们将"智头森林学舍"升格为合伙公司。这样一来,国冈作为合伙公司的代表职员,通过"合伙公司智头森林学舍"的名义,购入了一台液压挖掘机和一辆厢式货车。因此,我等于是自己独立地经营着"皋月屋",而町有林地则由"智头森林学舍"进行管理经营。副代表赤堀宗范也是自伐林业出身,他也在进行山林经营,同时也是在创造一个对町有林地进行经营的环境。

6 移居者和"山林银行"

关于今后的工作方式,我希望无论是智头本地人、移居过来的人还是有干林业想法的人,大家都能齐心协力,共同守护智头林业的发展。与此相对,最让我感到担忧的是有关林地消亡的报道。消亡是指树木消失,林业从业人员逐渐离去,林地名存实亡的情况。

有时会听到这样一种担心,就是即便是全国有名的林地,随着林业从业者的大规模侵入,树木也正面临被大量砍伐的厄运。人们担心总有一天树木会被伐光从而消亡。"皮之不存毛将焉附?"如果树木消亡的话,林业也就无以为继。为了防止这样的事态发生,让智头町的林业能够得以循环发展至关重要。如今从全国范围看,像智头町这样过去以林业经营为中心发展起来的町,其林业经营都处于衰退境况。究其原因,包括地域老龄化率高、继承者不足等各种因素。因此，产业和地域如同"车之双轮"，若能专心于林业生产，便可实现地域可持续发展。也就是说，为了实现智头的可持续发展，必须熟知智头的基干产业即林业。

2018年起，林野厅开始制订"森林银行制度"。而在此之前，智头町早已开始实施"山林银行"制度。这个制度是在自伐型林业发展现状向好的背景下，由寺谷町长号召并着手建立的。我认为"山林银行"制度能为每个年轻人提供林业经营的发展机会，因此这一制度是非常有必要的。

> "智头町山林银行"：
>
> "山林银行"始于2016年，是由"想从事自伐型林业经营但没有场地"的自伐林业经营期待者和"希望有效利用山地"的山地所有者们联结起来，由智头町政府担任中间联络人的制度。这个制度规定，山林所有者每提供0.1公顷林地，将获得1万日元的奖金。将个人自己无法管理的财产（山林）交付给町，并从町政府获得一定利息（奖金），这便是这一制度被命名为"山林银行"的原因。

"皋月屋"最早开始雇用的职员是移居民。总体而言，那些在智头町找不到其他工作机会而想尝试经营林业的人，跟那些想要经营林业而特地移居智头的人，一年之内两者间工作的态度和业绩会有很大不同。这样来看，如果不是对山林和林业充满激情和向往的话，是很难坚持下去的。山地的修整也要足够美观、漂亮。将其修整得大方美观，从而营造出一片美丽的森林，会让人心情愉悦舒畅。京都的园艺师告诉我："建造庭园的关键在于，使用的'用'和美丽的'美'，即'用'和'美'的平衡。""用"和"美"的平衡因为园艺师不同而标准各异，有六四分的，有五五分的。而林业和庭院建筑一样，维持外观美丽和收入间的平衡很重要。我经常会感性地问自己，"皋月屋"的工作是否也能让人觉得整洁舒适呢？

有一次，有个学习了 5 年左右插花艺术，对美怀有独特感知力的人对我说他想从事林业。他不但会造美丽的山林道路，而且很认真负责，是一个对森林之美充满感性的人。对他而言，关键是林业经营收入问题。由于收入并不十分景气，他今后是否能经营下去，是一个让人担忧的问题。

另外，由于智头林业的间伐作业迟缓，所以经常有人担心，被采伐的树木长得过大，不便于使用。但让人感到欣慰的是，在日本，像寺庙、神社、佛阁之类的日式建筑仍会使用这样的珍贵木材

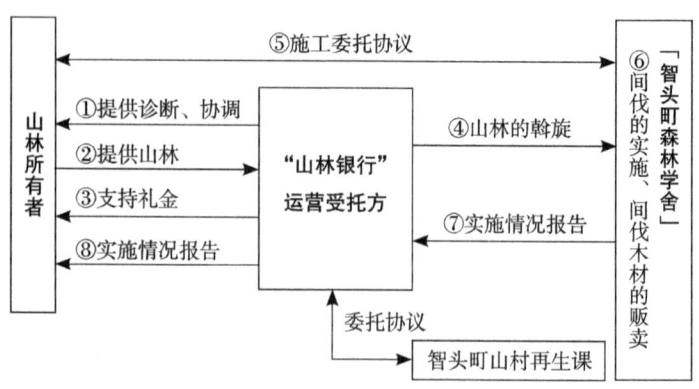

"智头町山林银行"概念图

（如四方无地①），所以也存在对这类木材的使用需求。

在智头林业，工作量很充足，因此会结成工作小组，就是一个人做不完的事情，由大家一起做。这种大家齐心协力、同甘共苦的精神让大家在工作中竭心尽力，将各自的能力发挥到极致。

我之所以帮助移居者，是因为我住在大阪、美国的时候，附近的人给了我很大的支持和帮助，现在轮到我可以为别人尽一份力的时候，我也想给予别人力量。另外，帮助别人的同时，自己也往往会获得快乐和提升，正所谓："赠人玫瑰，手有余香。"例如我跟移居者渡边格谈话时，就经常能听到各种各样有趣的故事，这使我兴味盎然，并有种"与君一席话，胜读十年书"的感觉。谈话中也会存在类似"区域可持续发展"等话题，我们的想法有不少相通的地方。每当这些时候，我就会萌生出伙伴意识，并感到由衷的开心。

关于今后的发展方向，我想致力于成为一个专业的林业家，而不只是参与采伐作业。例如，渡边格是面包师父，我的朋友中间有的是木匠，有的是泥瓦匠，各行各业的人都有。我希望移居到智头的人都是具有职业信念的人。具有很多这样手艺人气质的人在町里聚集，是很有趣的一件事。那些有职业操守和做事讲究的人，虽然工作种类不一样，但看看他们，就会感到非常有趣。

还有，智头农林高中的后辈们问我有什么可以教导给他们的，我推荐他们，姑且先去国外走一走。因为在国外的经历对我的影响确实很大。总之先尝试一次进入外面的社会，开阔视野，然后再回来发展，这是很重要的。当置身于外面的社会时，才会懂得家乡的

---

① 指四面都没有木疖子的木材。

事情。我想告诉他们的是，比起我们已经习以为常的事情，多积累和体验各种不同的经历才是最重要的。

对我而言，在美国生活的经验铸就了我自身成长的契机。所以，我也打算今后若有可能，在淡季的时候能有3周左右的带薪休假，利用这个时间好好休息，好好看看国外。即旺季的时候努力工作赚钱，淡季的时候放松身体，让大脑积极思考，去旅行。这样的话，就能够孕育新的想法，也能迸发新的能量，给自己提供继续前进的动力支持。我认为家乡智头会成为让我迈向新台阶的原动力。

采访者：泽田廉路
译者：卢慧

写在访谈结束后

泽田廉路

这次的受访者都是非常有个性的人。聆听他们的故事,仿佛就像是在看一场人生连续剧,深受震撼。遗憾的是,由于篇幅有限,无法在书中将大家所有想法和故事悉数收尽,同时也因本人采访能力和书面表达能力不足,难以将更完美的文章呈现给大家。尽管如此,每位被采访者都非常健谈,只要提出问题,他们总能给出超乎预期且十分详尽的答案。虽说采访聆听的过程令人十分愉悦,但要将这些内容转化为文字,却是份极难的差事。幸运的是,由于我当时在鸟取大学任职,担任了校长办公室特命副教授,所以凭借职位之便,我得以寻找到了以智头町为研究课题的学生们,并邀请他们成为我强有力的助手。首先,感谢工学院社会系统工学系的山本祥平君和楠田尚贵君,他们不辞劳苦,帮助我完成了采访稿件的整理,并将录音内容进行了文字转换。他们两人也随同我一起进行了现场采访,相信通过这次特殊的经历,他们应该也学习到了不少人生之精华吧!为了表达谢意,我也向同学们提供了相应的兼职费用,但文字转换任务仍是十分艰巨。文章最终的定稿,还借助了平塚和寺谷两人的帮助,等于我们3人共同合作完成了此次写作。最后,在截稿前,我们又与被采访者反复确认了5次,最终完成了此篇书稿。这是想给大家介绍的第一点。

由于采访到的每个人都是在不同领域活跃着的极具个性的人，所以在斟酌如何将其内心那份强烈的思想感情表现出来时，着实让我费了一番苦心。

关于大谷大训的故事，一开始看到他的体型和长相，以及听到他在大阪、旧金山、温哥华等地的嘻哈族经历后，说实话，有那么一瞬间我还以为自己接触到的是一名不良青年。但是当他讲到听过结城登美雄的"探寻发掘身边之宝"的演讲，将祖父母所保育的山林当成自己的事业和使命来守护的过程，且后来又设立了学习林业技术的校舍等事迹后，我才发现原来他也是一位感受性极强的人啊！毫无疑问，他为智头町所做的奉献，足以证明他是当地一位非常出色的文化传承人！

第一次与"小格麻理"的渡边格相遇时，他正一个人默默地在旧那岐托儿所里砌砖，忙着装修房屋。说实话，在这之前，我从来没见过一个既能够考取电气工程师资格证，还能做木匠、泥瓦匠等专业活计，坚持所有工事都要亲力亲为的人。在与他交谈的过程中，最让我觉得有趣的便是他提到的夫妇关系会影响自然酵母汲取的小插曲。最初我还以为是自己听错了，但后来在听过他对自然环境和农药的作用原理等解释后，我又觉得确实有几分道理。以至于我开始反省，自己家里的自然酵母没能好好地发酵，是不是受到了我们夫妻的影响。当我再次拜访渡边时，他的店面已经开张了。墙面上贴着的《地域内循环概念图》已经变成了现实。譬如，附近居民夫妇栽培的番茄已经成为用于制作比萨的原料。当听说大谷训大家的田地里已经栽上了用于啤酒生产的啤酒花时，我预感到"智头町终将会成为一个地域内循环的小世界"!

西村早荣子女士曾是鸟取县农林水产部门的一名林业技师。本来以为她是为了开办"森林幼儿园"才移居至智头町来的,后来发现并非如此。她的孩子每天要步行8公里去原来的那岐小学上学。她自己通过改造民宅,砍柴烧水,亲自感受自然的魅力之后,才有了将森林与育儿结合的想法,创办了"森林幼儿园"。紧接着,她又凭借着自己对鸟取县各项制度和预算拨款流程的熟悉,得以从森林环境保护税中创造性地获得了鸟取县独有的财政补助。不得不说,她的这种职业敏锐度是常人不及的。她以一种超越地区经营的、更为宏观的"社会经营的视角",催生了一种全新的社会系统。她将已故前桥登志行先生的格言"树大招风……"作为"森林幼儿园"活动的基石。她的故事告诉人们,实践就是战斗。

与之相对,同寺谷町长和中泽皓次的谈话,则更像是有趣的闲聊。虽然时常能听到他们使用一些不能使用的出版禁用语,表达自己对政府和行政机关的不满和批判,但不得不承认,正是这种反差,才令人感觉愈发有趣。

寺谷诚一郎町长是从东京回来的返乡者,也是一位能够想出在悬崖绝壁上建造人工瀑布的具有常人所不具有的超前想法的人。约50年前,寺谷町长开的野菜料理店"三泷园"的场地,就在智头町运输国有林木材的轨道旁。庭院内只铺了一条小道。造园方法中利用了借景的手法,同时将茅草房屋从町内移筑了过来,按原样恢复重建。寺谷町长的城镇建设也运用了"借景和创作"等各种手法,给人一种纯天然无添加的感觉,自然而淳朴,充满无限的感性。

中泽氏最大的人生转折点就是中学毕业后去名古屋打拼。可以说，那段时间的磨炼和沉淀为他今后的人生打下了坚实基础。虽然看上去对社会事务并不热心，但他会适时地去发现和聚集"人财"①，将他们吸引到一起。当得知冈田宪夫教授的研究室人员全体进入山乡地区开展研究时，他觉得这是千载难逢的机会，毫不犹豫地抛下工作，并以此为契机，全身心地投入了地区振兴协会设立的筹备工作。通过巧妙地利用外部力量，去激发事物内部力量，这种卓越的经营力实在是令人敬佩。

虽然在写作过程中，我还是有点担心，自己笨拙的笔触和贫乏的文字表达，是否能将诸位内心的抱负淋漓尽致地展现出来，但我想每位被采访者独特的想法和实践已经受到了世界的关注。在与诸位交谈的过程中，我发现了他们身上一些共同的闪光点，即非凡的"行动力"，再加上迅速反应以及对"计划不同寻常的执着"。也是以此为原动力，他们得以越过重重阻碍，成功地实现了一个又一个目标。归根结底，可以说是以强大的信念作为基础，敢于"踏出第一步的勇气"和强大的"执行力"最终造就了他们的成功。即使是一个不起眼的想法，也能凭借着不同寻常的执行力和执念将其付诸实际。接受采访的人都是时代的先驱，他们对自己有着清醒的认识，换言之，他们都是"追梦人"，是梦想的挑战者！

也许人们会问，为何智头町能同时将这么多优秀的人才汇聚一堂？我要说的是，也许是这片热土吸引着一群热情的人，也许是深深的执念吸引着一群执着的人，也许是人才吸引了更多"人财"，

---

① 作者在此处采用了谐音的手法，旨在表示人才即人财。可参见本书的后记。

这些结合形成了强大的磁场的缘故。这也符合自然之理。

行文至此，对智头町诸位的介绍也已接近尾声。如果读者对拙著中所描述的内容感兴趣的话，建议大家能亲自去智头町看看，去拜访一下书中出现的各位主人公，相信这样的相遇，定会为各位提供不少人生的精神食粮和行动的勇气！

最后，为读者介绍一下被采访者所撰写的书籍。一本是渡边格著《田间面包店发掘的"腐败经济"奇迹》（讲谈社，2013年），一本是西村早荣子著《智头町森林幼儿园——圆木园》（2014年），有兴趣的读者不妨参照一读。

译者：黄俊捷

导 读
智头町的挑战及其发展轨迹
——从地区建设到 SDGs（可持续发展目标）、城乡共生发展

明治大学教授

小田切德美

1 序言

本书是由鸟取县智头町"零分之一村庄振兴运动"（以下简称"零分之一运动"）的发起者和相关人士对该运动的起源以及至今为止该町所开展的活动的总结。

正如作者寺谷氏在后记中所记载的那样，作为导读者，我本人对这次《"村落版零分之一运动"企划书》（1996年，见本书中的"参考资料三"）曾经写过这样一段话。

该企划书，稍微夸张点说，对于我国的地区建设来说，可以说是纪念碑式的文件。（小田切德美《农村山村不会消失》，岩波书店）

我想，读完本书的读者都已经明了，作为导读者，我本人的这个评价既不属于"夸张"也不算"过度评价"。相反，随着智头町活动的深度（即其历史性根基）以及地域拓展（即在新地域以新形式得以展开）日益鲜明，不少读者甚至感到其意义已经超过了导读者所给予的评价。在这一点上，作为关心地区建设的人，我对这本新的"纪念碑式书籍"的公开发行表示由衷的高兴。

下面我将以导读者的身份，就本书所记录的智头町社区建设的情况谈两点看法：一、"零分之一运动"的意义；二、最近各种活动的特征及其展望。

2 "零分之一运动"——其体系性和特征

本书的前言（平塚伸治稿）和第一章（寺谷笃志稿）揭示了"零分之一运动"的全貌。"零分之一运动"开始于1997年。其前后的经过正如之前CCPT（智头町活跃化项目团体）组织的各种活动中所记录的那样，这里不再赘述。当时的日本，自泡沫经济崩溃后，全国范围的农村和山村地区的度假村热潮已经静寂了数年，是地区逐步恢复安定状态的时候。也就是说，在泡沫经济下的混乱和其所带来的后遗症的背景下，农村和山村地区的"地区建设"运动开始登场，而"零分之一运动"正是其先驱性的活动之一。

当然，在此之前，各地也存在着一些被称为"振兴村落""振兴岛屿"的运动，但就其体系性和深邃性而言，可以说"零分之一运动"是最突出的。

首先，让我们先来确认一下"零分之一运动"的体系性。前言中有如下总结。

"零分之一运动"的计划制作要义——"居民自治""地区经营"与"交流和信息"，这三大支柱就成为形成规范的必要条件。这是在智头町定点观察中学到的成果，同时也是对城市与乡村关系问题的解答。这三大支柱就是使地区充满活力的基本思想之精髓所在。

这里的"居民自治"是指居民自己组织并运营振兴协会（新的社区机构）。"地区经营"是指为确保活动的可持续性而积极地创造经济活动。"交流和信息"是指"为了树立村民们的自豪感,有意识地与外部社会进行交流"(《"村落版零分之一运动"企划书》),旨在通过交流来培养人才。

也就是说,这个运动可以说是由地区居民自己,从整体性的角度为促进山乡地区新生而发起的系统性的挑战,以期创造出一个"精神更加富足的、更加令人骄傲的智头町(企划书)"。它包括:① 实现地域共同体的再生;② 地域经济的创造;③ 主体(人才)的形成。另外,为了重视这种内发性的运动,支援政策以村落级别的举手方式为基础,并提出了在当时并不常见的数年内一次性下发补助金的方案。将运动和政策相结合起来,从这个意义上看,"零分之一运动"的体系性也值得关注。

之后,由冈田宪夫、杉万俊夫、平塚伸治、河原利和创作,拥有强大信息传播力的"岩波小册子"系列——《来自地区的挑战——鸟取县·智头町的"地区"振兴》(岩波书店,2000年)将其案例进行归纳总结并出版。以此为契机,这场运动的精华得以传播到各地,并起到了与各地区的新实践相结合的作用。此次运动之所以能够在各地扩展开,究其原因,最重要的恐怕就与其具有这样的体系性相关。

另外,事实上,这三根支柱,如果将其理解为①=町,②=工作,③=人(人才)的话,那么它就和从2014年开始的地方创生[①](町、人、工作创生)的三个要素完全重合。实际上,《地方

[①] 地方创生:地方创生在于建构和培育人与所在环境的相互关系。通过广泛且专注地经营地方品质,打造地方城市的共享价值、社区能力、跨领域合作,是韧性城市与活力社区的基础。

创生法》(町、人、工作创造法)中关于地方创生的定义,就是为了实现"能够安心经营、过上温情丰裕生活的地域社会,从整体性上确保承担地域社会发展的个性丰富且多样化的人才以及在地区创造有魅力的多样就业机会"(第一条)。"零分之一运动"早在该法制订的18年前就提出类似想法,由此可知该运动所具有的明显的先驱性。

接下来,我将总结几个"零分之一运动"所具有的深邃性特征。我认为,该运动具有三个特征。第一,重视彻底的"内发性"。之前的农村开发,无论是工厂招商还是度假地开发,都是典型的外来型开发。特别是度假村的开发,几乎全部是外部资本运作,开发意愿和资金都是外来的,地区居民只不过是土地和劳动力的提供者。而"零分之一运动"则不同,它不是由外部决定的,而是重视地区自己向外迈出的一步,并认为"这一步"具有无穷大的价值(即"零分之一")。其实,单从"零分之一"的命名就可以感受到它对自主性的毫不动摇地追求,尽管命名让人感觉略微有些奇怪。

第二,重视"综合性·多样性"。在这场运动之前,有一种被称为"地区活力化"的运动,该运动倾向于经济方面。而且,活力化规划千篇一律,地区振兴没有特点,这是"地区活力化"运动的又一特征。"零分之一运动"不同于以往,它有意识地体现了从单品型·划一性的地区活力化向包含福利和环境等要素的综合型、基于地域实际情况且富有多样性的运动的转换。这场运动没有设定一个引导运动形式的模型,而是选择了地区举手的方式,这除了体现出重视内发性的一面,同时也体现了规划者以综合性为目标,承认多样性的意图。

第三,"革新性"也受到重视。如果想运用地区自发性的力量来应对地区发展中的困难,那就必须要有与以往不同的新机制。在"零分之一运动"中,从最初阶段开始就不是以村落本身为单位,而是以同一地理范围内振兴协会的设立为前提开展活动的。这是因为,在具有"家联合"特征的村落里,根据"一户一票"原则,运动的主体参与者很难从"男性社会"(参加者大多是年长的男性户主)中脱离出来,有必要对此进行结构创新。对于把女性积极参与看作是理所当然的地区建设来说,这是必要的系统变革吧。而且在第二章(中泽皓次稿)中详细叙述的以旧小学区为单位的"地区版零分之一运动"中,能够发现这一运动的地区范围得到了扩大,进一步增强了其"革新性"。

"零分之一运动"以后,"内发性""综合性・多样性""革新性"已经成为全国各地农村山村普遍开展的地域建设中共同的关键字。可以说"零分之一运动"的策划者深刻地探究了农村山村地区的问题,并对改变坚如磐石般的农村固化状态提出了有针对性的运动方案和政策。

3 新的动态和特征——"热闹忙碌的过疏"

对这场"村落版零分之一运动"进行的行政支援已于2011年结束,之后,该运动进入了新的阶段。之后的新情况,在本书第二至第六章,由编者泽田氏对各位活动家高密度地采访而被生动地描绘出来。

具体内容包括:①"地区版零分之一运动"(第二章,中泽氏），②町"百人委员会"和"森林疗法"等（第三章，寺谷诚一郎町长），③"森林幼儿园"（第四章，西村女士），④"田园面包店"（第五章，渡边夫妇），⑤自伐型林业（第六章，大谷氏）。

以上每一个案例都是著名的活动，并已经有不少书籍、论文、报告等进行了介绍，而能够在一本书中，将如此多著名活动放到一起，确实让人觉得十分壮观（同时也很方便读者阅读）。

通读后我们能够发现，各个登场人物似乎都是以某种形式相互联系在一起的。移居者（包括从城市回到家乡的人）西村女士、渡边夫妇、大谷氏都是全国闻名的人物。他们不仅在各自的地域中作为移居者的前辈或后辈而互相帮助，有时还是经营者或顾客的关系，或是共同理念的持有者。

另外，作为旧小学区单位"地区版零分之一运动"的主体，地区振兴协会与"村落版零分之一运动"采取不同的形式开展各种活动，在移居者定居和创业时发挥了协调和整合的作用。此外，在寺谷町长领导下设置的"百人委员会"，也成为"森林幼儿园"等各种以居民为主体开展事业的孵化器。

像这样各种各样的主角通过弱社会关系网连接起来，营造出一种充满生机和热闹的气氛，这是最近一部分农村山村出现的共同现象，笔者称之为"热闹忙碌的过疏"（借用了金泽电视台2013年制作的优秀纪录片的标题）。

之所以有这种说法，是因为这几年到农村山村里走一走，会给人留下"尽管是人口稀疏的地区，但却很热闹"的印象。从人口数据来看，老年人死亡导致的人口自然减少现象非常显著，并且这样的趋势还在继续。但是，在小范围的地域内，却发生了很多新的社会活动动态，并传递出了一种紧张忙碌的气氛。智头町的现状正是如此。

这不仅是移居者或所谓的相关人士创造出来的。很显然，其中居于中心地位的是地区的人们所开展的"零分之一运动"（不仅仅是村落版，也包括地区版）。当地居民不排斥从城市到来的人，而是把他们也带入当地各种各样的运动实践中。作为"零分之一运动"支柱之一的"交流和信息"，一开始就是从这个意图出发的。

也就是说，以智头町的情况为例，站在这个"热闹忙碌的过疏"的时代背景舞台上的活动家们，包括：①致力于开放性建设地区的地区居民（与"零分之一运动"相关的所有居民）；②打算在地区自己创造"工作"的移居者（大谷氏和渡边夫妇等）；③希望与地区建立某种关系而移动中的相关人员（移居前的西村氏和众多智头町粉丝）；④支持这些活动的NPO、大学（鸟取大学、京都大学等）；⑤通过SDGs再次活跃于地区的企业也都有加入其中的可能性（这是智头町今后的课题）。

像这样拥有各种活动家在同一片土地上共同生活的场景就是"热闹忙碌的过疏"，其结果是，即使人口减少，地域也总是有新的动向，人跟人互通，工作与工作互动。这种创新景象在这里产生了。就其本质来说，可以说是"人口减少情况下的人才增加"现象。

在本书的《写在访谈结束后》中，泽田氏说道："也许人们会问，为何智头町能同时将这么多优秀的人才汇聚一堂？我要说的是，也许是这片热土吸引着一群热情的人，也许是深深的执念吸引着一群执着的人，也许是人才吸引了更多'人财'，这些结合形成了强大的磁场的缘故。"我想，这大概就是"热闹忙碌的过疏"现象背后的机制吧。

像这样,从"零分之一运动"开始社区建设的智头町,正通过这些基础工作,站上了"热闹忙碌的过疏"的新舞台。实际上这种情况在大约20年前写成的《来自地域的挑战》中已有如下论述。

"疏"本身并不是负面的要素。重要的是"即使疏,也能创造出相应的提高地域活力的状态"。每个人都必须朝着这样的状态努力,而且需要具备一边策划地区发展,一边引导地区发展的能力,即必须要具有经营地区的能力,也可以说是赋予"疏"本身最大价值的能力。能够发挥这种能力的过疏地区与"惰性的过疏地区""名义上的过疏地区"完全相反,它应当被称为"先进的过疏地区"。(该书第9页)

在本书中可以确切地看到,那时所展望的"先进的人口稀疏地区"正在变为现实。

4 智头町的发展前景——SDGs与城乡共生社会

从智头町扩展到全国农村山村的地区建设动向,在新的领域达到了"热闹忙碌的过疏"的现状。除了智头町之外,福岛县三岛町、爱知县东荣町、岛根县邑南町、山口县阿武町、山口县周防大岛町、德岛县美波町等地也能看到这种情况。

智头町的特征在于:它与联合国所提倡的、目前在全世界范围内都得到重视的SDGs(可持续发展目标)目标一致。在本书中并未提及的智头町第七次综合计划（2017年制订）中，将"贴近每个人生命的町"设定为未来地区建设的目标，这与SDGs的"谁都不能掉队"的理念相吻合。也正因为如此，智头町被选定为政府的"SDGs未来都市"之一（2019年度全国共有30个自治体入选）。

町未来规划中标榜的事业是"以中山间地域①居民为主体的SDGs地区建设事业"，它以之前的"零分之一运动"为基础，以森林等自然资源的进一步保护和利用为主题。也就是说，如果"零分之一运动"是与人才、社区（社会）以及经济相关的一场整体性的运动，那么未来可以理解为是在此基础上加上环境这个新要素的挑战。实际上，本书中渡边夫妇提倡的"区域内循环"，以及对大谷致力于自伐型林业的赞成态度，都说明居民层面对此具有共感。

但是，这只是智头町的情况，之前列出的"热闹忙碌的过疏"地区都具有自己的特征，它们都充满个性，都是独一无二的挑战。今后，有必要搭建一个各地区间互相学习的平台，正如"村落版零分之一运动"中每年3月的第一个星期天，参加活动的村民和相关人员在一起举行"活动发言会"一样。"活动发言会"就是居民参加和学习的场所。有关这方面的具体情形，在本书第一章和第四章中也有所涉及。

另外，这里想再次确认的是，町政府在支持各种活动方面所发挥的作用。本书中不少场合都描述了町政府不同部门高效灵活的应对以及对行政人员和职员的高度评价。例如，西村女士在第四章中说道：智头町政府行动之灵活真的很令人称赞！就像寺谷诚一郎

---

① 中山间地域：日本农林统计的地域区分之一，城市或平地以外的中间农业地域和山间农业地域的总称。

町长的头脑一样，给人一种很轻快的感觉。从这里，可以看到彻底支持居民自发性活动的政府行政姿态，也就是所谓的"零分之一型行政"。正如第三章中寺谷町长所自称的，这并不是"居民参与"，而是"行政参与"。

这也是智头町即使被卷入平成市町村合并的旋涡中最终也没有选择合并，而是选择作为一个小自治体为居民提供贴身服务之路的结果，这给智头町争了不少光。近年来，关于市町村重组的讨论再次在霞关①一带冒出，本书可以看到的智头町的发展现状对这一问题的讨论具有重要的启示意义。

我将以上的动态画到了下一页的图中。以"内发性""综合性·多样性""革新性"为特征的"零分之一运动"，作为创造精神更加富足的、更加令人骄傲的智头町的"微型大战略"（《"村落版零分之一运动"企划书》），始于1997年。这一"内发性"地区建设的运动，在町内89个村落中的15个村落中得到开展，在各个地区都取得了成果。其意义不仅如此，地区自己主动站起来寻求发展的姿态，也让城市人对农村山村产生了共鸣和关心。其中一部分人移居到智头町，开始自己创造工作。他们加入村落版和地区版的"零分之一运动"以后，更高水平的地域建设得到实践。如图所示，可以说产生了"地区建设与田园回归、相关人口的良性循环"。

因此，尽管人口持续减少，但在地区层面却出现了"热闹忙碌的过疏"的现象。另外，最近智头町积极地开展以森林和区域可持续循环为主的环境应对活动，这与国际化地开展SDGs运动

---

① 霞关位于东京都千代田区，是日本政府机关集中地区。

不断接近。

这些动向有望成为我国创造城乡共生社会的入口。"没有城市就没有农村，没有农村就没有城市"这一理念的实现，随着往来于两者之间人口数量的增加，其可能性正在变大。这是否意味着，"热闹忙碌的过疏"是实现这个目标的据点呢？我对地区建设、"热闹忙碌的过疏"、农村SDGs都处于领先地位的智头町能够发挥这样的作用抱有强烈的期待。

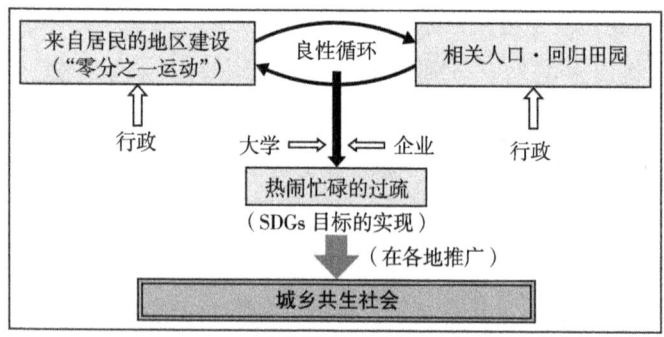

从智头町学到的农村动态图（概念图）

这样看来，本书不仅是记录智头町这样一个地区故事的"小书"，也是一本可以展望日本社会未来的"大书"。我想对志存高远、努力完成这本"大书"的编者们表示由衷的敬意和赞美。

译者：卢慧

参考资料

参考资料一　智头町地区建设年表
参考资料二　"零分之一运动"实施情况
参考资料三　"村落版零分之一运动"企划书（1996年）
参考资料四　"地区版零分之一运动"企划书（2007年）

参考资料一　智头町地区建设年表

时间	项目
【萌芽与内发期】	
1984 年	提议制作杉木板明信片
1985 年	使用杉木板制作名片（设立智头木创企划公司）
1986 年	成立智头木创舍有限公司 提议制作木之昆虫明信片
1987 年	举办"游政"明信片比赛 成立那岐特产开发研究会
1988 年	成立"智头町活跃化项目团队"（CCPT） 设立智头町活跃化基金 进行八河谷村落实态调查（鸟取大学工学院冈田研究室） "智头杉·日本之家设计比赛" 开启"社会人·青少年的海外派遣支援计划"（去往芬兰的社会人士 2 人）
1989 年	开展圆木屋建设项目 于智头町八河谷村落开设"杉木之村" 杉下村塾首次开讲 瑞士山岳地带调查 "居民意识调查"（以年代为区别调查 3 年） "社会人·青少年的海外派遣支援计划"（去往加拿大的高中生 1 人，另有社会人士去往瑞士、西德各 2 人，加拿大 3 人）
1990 年	智头町出身的大学生交流会（乘坐直升机，39 人） 加拿大莱姆顿中央高中校长唐·库克来访智头町 与加拿大莱姆顿中央高中的学生交换交流启动（2 人）

续表

时间	项目
1990 年	"社会人·青少年的海外派遣支援计划"（去往欧洲的大学生 1 人，另有社会人士去往美国 1 人，瑞士 1 人） 接收俄勒冈州大学生威廉·洛普 1989 年版《CCPT 活动倡议书》发行 第二次杉下村塾开讲
1991 年	开始举办"耕读会"（读书会）每年 4 次 ×10 年 接收俄勒冈州大学生蒂姆·奥利里 《智头民间故事》的英文版完成（3 册发行） 向智头初中捐赠补充读本 "社会人·青少年的海外派遣支援计划"（去往加拿大的高中生 6 人，去往欧洲的大学生 1 人，去往新加坡的社会人士 3 人） 土木学会发表"四面会议机制" 1990 年版《CCPT 活动倡议书》发行 第三次杉下村塾开讲
1992 年	访问加拿大安大略省彼得罗利亚（23 人） "社会人·青少年的海外派遣支援计划"（去往加拿大的高中生 5 人，去往奥地利的大学生 1 人、美国 2 人，去往瑞士的社会人士 3 人，5 年中共派遣 34 人） 接收俄勒冈州大学生泽夫·米伦 举办智头民间故事演讲比赛（举办场所位于"杉木之村"） 1991 年版《CCPT 活动倡议书》发行 第四次杉下村塾开讲
1993 年	鸟取县主办"以河流为轴的地区建设"（举办场所位于"杉木之村"） 智头农林高中与莱姆顿中央高中缔结交换交流协议 大屋川亲水公园完工（町内建成 7 处） 邮局工作人员的服务训练开始

续表

时间	项目
1993 年	加拿大安大略省彼得、罗利亚等 16 人来访智头町 接收俄勒冈州大学生马克·劳森等，共计 4 人 智头町民间故事演讲比赛 1992 年版《CCPT 活动倡议书》发行 第五次杉下村塾开讲
1994 年	智头町亲水公园联络协会成立 政府和邮局的地区建设课题项目小组成立 1993 年版《CCPT 活动倡议书》发行 第六次杉下村塾开讲
1995 年	智头町宏观计划（"杉托邦智轴建设"）的策划 智头町、原用濑町、原佐治村政府工作人员开始接受"清爽服务"运动人员培训 富泽地区开始尝试"向日葵服务" 在大阪南港的亚太贸易中心举办"白兔号"·"远方号"·关空快速的研讨会 日本·地区与科学的邂逅馆建成 1994 年版《CCPT 活动倡议书》发行 第七次杉下村塾开讲
1996 年	"向日葵体系"向智头町全域提供服务 村庄振兴协调员会议召开 《"村落版零分之一运动"企划书》提交至町议会表决 1995 年版《CCPT 活动倡议书》发行 第八次杉下村塾开讲
【居民主体与行政参与期】	
1997 年	"村落版零分之一运动"展开（7 个村落：市濑、早濑、新田、白坪、中田、本折、波多）

续表

时间	项目
1997年	"零分之一运动"负责人会议 寺谷诚一郎就任町长 "零分之一运动村落振兴协会联络会"设立 召开"千代川流域圈会议" 1996年版《CCPT活动倡议书》发行 第九次杉下村塾开讲 "零分之一运动"发表会召开
1998年	"村落版零分之一运动"推进（五月田、中原加入） 1997年版《CCPT活动倡议书》发行 第十次杉下村塾开讲
1999年	"村落版零分之一运动"推进（上町加入） 1998年版《CCPT活动倡议书》发行（共计10册）
2000年	"村落版零分之一运动"推进（芦津、岩神、奥西加入） 早濑村落"太阳之馆"竣工式 书籍《来自地区的挑战》由岩波书店发行
2001年	"村落版零分之一运动"推进（中岛加入） 石谷家住宅向大众公开 建设顾问协会举办地区领导人养成研讨会（3年）
2002年	"村落版零分之一运动"推进（浅见加入。共计15个村落）
2003年	用DVD的形式向全国介绍"零分之一运动"（财团法人过疏地区问题调查会） 智头町政府举办町村合并问题说明会 有关是否合并的居民投票［第一次投票结果推进合并（相差27票）］
2004年	有关是否合并的居民投票［第二次投票结果推进合并（相差190票）］

续表

时间	项目
2004年	寺谷诚一郎町长辞职 智头町议会决议智头町继续单独存在 板井原村落被指定为传统建筑群保护地区
2005年	受中国社会科学院罗红光的邀请,"零分之一运动"代表人员访问北京 西村早荣子女士移居至此
2006年	在早濑村落防灾据点建设"凉亭5号楼"活力沙龙
2007年	成立早濑村落自治会(适用地方自治法) "北京·智头町果树林基金会"首次向北京外国语大学汇款(5万日元) 《"地区版零分之一运动"企划书》提交至町议会表决
2008年	"地区版零分之一运动"展开(两个地区:山形、山乡) 寺谷诚一郎再次当选町长 "百人委员会"成立典礼
【创业与发展期】	
2009年	石谷家住宅被指定为国家重要文化遗产 "森林幼儿园"开园
2010年	自伐林业"皋月屋"创立 开始进行地方货币杉木小金币的社会实验
2011年	"地区版零分之一运动"推进(那岐地区) 开始受理智头町疏散保险 开启森林疗法体验 开始接纳来访者寄宿民家 为促进落户开设地炉之家

续表

时间	项目
2012 年	"地区版零分之一运动"推进（富泽、土师地区加入，合计 5 个地区） 小学合并（活用 5 处旧校舍）
2014 年	在新田开办萨德伯里学校 "小格麻理"店主渡边格和麻理子夫妇移居至此 鸟取县以先进林业国奥地利为目标进行调查研修（大谷训大）
2015 年	自伐林业"皋月屋"法人化 田园面包店"小格麻理"开始营业 林业技术"森林学舍"创立
2016 年	"小格麻理"开始制作啤酒 "智头町果树林基金会"向北京外国语大学汇款（第 10 次），访问北京 韩国江原道麟蹄郡加里山里① 访问山乡地区振兴协会 建立"山林银行"（智头町联合民有林所有者和自伐林业者）
2017 年	由北京外国语大学日本学研究中心翻译并出版《从"地方创生"到"地区经营"》中文版 中国厦门市院前社② 来访山形地区振兴协会
2018 年	智头町的林业景观被选定为国家重要文化性景观（文部科学大臣） 一般社团法人"富泽"设立 富泽地区振兴协会菌床部会
2019 年	一般社团法人山乡地区振兴协会设立 被内阁府认证为"SDGs 未来都市"

---

① 韩国地名，是位于江原道麟蹄郡麟蹄邑的里。
② 位于厦门市海沧区的一个自然村。

参考资料二 "零分之一运动"实施情况

"村落版零分之一运动"

村落名	事业导入年度	事业内容	
市濑	1997年（平成九年）	交流信息 居民自治 地区经营	纳凉祭 村落独自建造垃圾场 七五三绳①、柿子叶寿司、魔芋等
早濑	1997年（平成九年）	交流信息 居民自治 地区经营	视察交流、敬老会、发行信息杂志 凉亭五栋、修改丧葬仪式、除雪队、自治会运营 制作味噌、举办摆摊贩卖活动等
新田	1997年（平成九年）	交流信息 居民自治 地区经营	与大阪府和泉市民生活协会交流 共有林的管理 运营咖啡馆·旅馆小屋、获得日本村落型NPO认定
白坪	1997年（平成九年）	交流信息 居民自治 地区经营	通过摆摊贩卖活动实现宣传 在废弃的耕地上栽培苦菜花和大豆 味噌、黄瓜的酒糟腌制
中田	1997年（平成九年）	交流信息 居民自治 地区经营	夏日祭 制作荞麦 蛇环传说②遗迹复原、荞麦种植和售卖、烧烤牛肉串

---

① 又称注连绳、缔绳。是一种用稻草织成的绳子，是神道信仰中用于洁净的咒具。

② 在富泽地区有这样一个传说，说一位女性受了情伤狂怒之下跳入丰乘寺的池塘里，变成了蛇上了笼山，蛇环的遗迹就位于笼山。

续表

村落名	事业导入年度	事业内容	
本折	1997年 （平成九年）	交流信息 居民自治 地区经营	赏花会、雪节 安全巡逻、防火 学习制作迷你雨伞、迷你草鞋的技术
波多	1997年 （平成九年）	交流信息 居民自治 地区经营	村落大运动会 村落内道路两岸种植绣球花 玉簪花的栽培和加工
五月田	1998年 （平成十年）	交流信息 居民自治 地区经营	智慧地藏菩萨祭典活动 村落内整修 加工设施建设和运营、捣年糕等
中原	1998年 （平成十年）	交流信息 居民自治 地区经营	开放亲水公园、观音堂祭典活动 整修横濑之谷、除雪 圆木屋运营、荞麦种植和售卖
上町	1999年 （平成十一年）	交流信息 居民自治 地区经营	石谷家住宅夏日祭 建立高中生和村民的交流广场 智头宿雪节
芦津	2000年 （平成十二年）	交流信息 居民自治 地区经营	以儿童麒麟狮子舞为中心的文化交流 环境优美、居住舒适的村落建设 酿米酒、荞麦种植和售卖
岩神	2000年 （平成十二年）	交流信息 居民自治 地区经营	把休耕田作为町民农园开放 河流、道路两旁种植鲜花 村落所有的森林有效利用调查、 岩神城址整修
奥西	2000年 （平成十二年）	交流信息 居民自治 地区经营	那岐山登山交流会、伊邪那岐市场 传统交流的继承和文化财产保护 雪莲果的栽培加工等

续表

村落名	事业导入年度	事业内容	
中岛	2001年 (平成十三年)	交流信息 居民自治 地区经营	纳凉祭、制作新年荞麦面 通往枞尾城的长廊整修 农产品、木材等加工设施牵制运营
浅见	2002年 (平成十四年)	交流信息 居民自治 地区经营	抓鱼 修整浅见交流广场(厕所、小木屋) 浅见谷的萤火虫

(15个村落)

"地区版零分之一运动"

地区名	事业导入年度	事业内容	
山形地区	2008年 (平成二十年)	交流信息 居民自治 地区经营	林业展示、体验、育树项目、山人塾的人才培养 "福祉"无痴呆症地区宣言、举办森林miniday[①] 建立小学校舍的价值和自豪感、"共育"智头
山乡地区	2008年 (平成二十年)	交流信息 居民自治 地区经营	"新山乡村"村落帐篷集市、地产地销料理教室 "新山乡村"的创建、福祉基地建设、创造就业机会、合理活用住宿和研修、招徕租用场地的企业 灵活利用交流设施"R373山乡"

---

① 为了向老年人或是身体上有障碍的居民提供支援,维持他们和地域之间的联系而在当地常设一个能让大家一起用餐或是休憩的地方,或是跟那些经常闭门不出的老年人交流,尽可能地创建一个充满爱的援助体制。

续表

地区名	事业导入年度	事业内容	
那岐地区	2011年（平成二十三年）	交流信息 居民自治 地区经营	相亲活动"认真地相亲！" 那岐车站站房森林miniday、制作防灾地图 儿童的农业体验活动、拓展当地农产品销路
富泽地区	2012年（平成二十四年）	交流信息 居民自治 地区经营	"晒太阳"交流沙龙、夏日祭 笼山巡回游览 栽培木耳、拓展销路
土师地区	2012年（平成二十四年）	交流信息 居民自治 地区经营	摆摊贩卖农产品（大阪府摄津市农业节） 土师器等陶艺复兴（陶艺教室、作品展示） 枕田遗迹常设展示馆运营

（5个地区）

参考资料三 "村落版零分之一运动"企划书（1996 年）

1 宗旨

智头町的老龄化率为 29.1%，老龄化进程不断加速。同时，广域合并的新课题也正在受到关注。

从地区经营的视角上俯瞰智头町的话，伴随着智头急行列车的开行、鸟姬线的高规格化等，在对外的交通联系上，相比鸟取县其他地方来说，智头町的交通条件正在逐步完善。但是，与外界的交通渠道不断完善，也就很容易受到地区外的影响。如果一个地区没有自己的魅力，仅仅是一个过路站而已，就会渐渐被外面的地区吸引，失去自己的向心力。

发挥城镇的职能，确立自信的自治体制，21 世纪的智头町将会拥有更坚定的定位。为此，我们要提高村落的自治水平。随着"日本零分之一村落振兴运动"的展开，智头町重新评估整个地区，通过迈出自己的一步来重建和外界的交流和联系，相信能够创造出一个精神更加富足的、更加令人骄傲的智头町。

"零分之一村落建设运动"的原理在于，对日本第一的挑战是无止境的竞争。从零到一，也就是从无到有的过程正是建国时的村落振兴精神。这个运动也探讨了在这片土地上共同居住和生存、一同度过一生的价值。总之，这项运动倡导智头町里的各个村落都挖掘出一个自己的特色，通过与外界社会交流，来创造村落自己的荣誉（宝藏）。

2　这项运动的支柱

（1）创造村落的荣誉（宝藏）：挖掘一处村落特色，制订令人感到自豪的村落规划。

（2）居民自治：自己做主角，通过自己的行动振兴村落。

（3）制订计划：在一定程度上用长远的眼光思考村落的前途，制订村落未来规划。此外，规划和打造符合各村落特色的事业。

（4）交流和信息：为了打造村落的亮点，有意识地与外界社会进行交流。

（5）地区经营：重新评估当地的生活和地域文化，寻找村落的附加价值。

3　各振兴协会的优势

（1）智头町的指定法人：在智头町政府以及村落振兴事业窗口工作。

（2）活动经费方面的支援：活动的两年间，会赞助地区100万日元，村落50万元的运营费用。

（3）民主选举领导者：根据村民全体意见选出任期三年的领导者。

（4）组织专门的村落建设运营团体：形成包含各类团体的组织。

（5）派遣专门的顾问：派遣专门的村落建设顾问和町政府职员。

（6）提供各种信息：智头町政府提供各振兴协会的交流和地区规划的信息。

参考资料四 "地区版零分之一运动"企划书(2007年)
起步·助跑·起跳——村落→地区→町

1 运动的主旨和目的(智头町的立场)

自从"零分之一村落振兴运动"开展以来,已经10年了。参加的村落在这个过程中,逐渐萌生了自主地展开与城市的交流互动、开发特色产品这样的主体意识,新的居民自治体系生根发芽。但是,人口过疏、老龄化问题的加剧依然影响着地区的活力,令人担忧。如何继承发展这个运动,已经成了当前最迫切的课题。另一方面,在行政层面,由于人口的减少和地区经济的低迷,确保税收变得越来越困难,加上少子老龄化社会的到来以及巨额欠款返还的压力对财政运营提出了更严苛的要求,行政及财政改革带来的人员和经费削减又令人不得不担忧行政服务水平的下降。

在这样的背景下,以村落为单位培育出的草根式村民自治扩展到地区级别,以这种自下而上的运动为基础,进而推进以地区为单位的"零分之一村落复兴运动"的发展。地区与行政相互协调、互为补充,解决地区内的各种课题,来实现具有智头町特色的地区建设。

2 运动的意义(为了下一代)

二战后,我国不断追求物质上的丰富和便利,国家面貌为之一变。科学技术和经济发展相结合,不仅改变了我们的物质生活,也使社会风貌以及个人的生存状况（例如寿命）发生了剧烈的变化。这个过程就像我们一心以另一边的地平线为目标拼命奔跑，到达了这个地平线之后，又奔向下一个……就这样，我们拥有了和欧美相比也不逊色的富裕社会。

但是，这样的"地平线游戏"不会永远持续下去。所有的运动在超越了一定界限后，最终都会失势。"地平线游戏"也会逐渐被其他的运动所取代。

所谓的其他的运动，就是"复古（回归）"。它指的是，恢复到战败初期，甚至是战前的状态。但是，历史的指针不会逆转。因此，现在所说的"回归"是一项伟大的创造，也就是说，只有通过"创造性地回归"才能成立。

地区振兴协会看起来像是旧村的"回归"，实际上是一项伟大的创造。这是旧村所难以想象的、彻底的、自下而上的地区建设（村民自治）。这10年间智头町开展推进了"零分之一村落复兴运动"，才使这种壮大的、独一无二的"创造性地回归"成为可能。这一点与全国各地正在开展的地区振兴策略截然不同。

3 事业概要

（1）实施内容：以地区（小学校区）为单位，设置负责推进"零分之一运动"的居民组织地区振兴协会；以居民们自己规划的《地区活跃化计划》为基础，与行政相互协调、合作，广泛地、战略性地开展有利于提高居民自治水平和地区经营能力的运动。

（2）实施主体：地区振兴协会。

（3）町政府的资助期间：10年（第一年制订、认定《地区活跃化计划》），计划每3年进行一次修订。

4 地区振兴协会的认定条件

（1）村落的同意：地区振兴协会的设立宗旨书上需要整个村落的代表（村落的负责人、区议员等）签字。

（2）章程的制订：以章程的形式规定目的、基本方针和干事，并获得设立预备会的认可。

（3）地区负担金：达成有关地区负担金的共识（承担金额由各个地区自主决定）。

5 町政府的协同工作

（1）地区振兴协会中的副会长由智头町政府课长级的职员担任，建立起地区和行政相互协调合作来商谈和实施活动的体制。

地区的重要课题由町内干部会协商讨论，根据实际需要组织政府内的项目小组。

（2）建立起积极的吸纳体制，引入能够与地区居民一起解决问题的外部有识之士。

（3）对于那些共同的地区课题，联合町内其他的地区振兴协会，一同寻找解决办法。

6　财政支援

（1）町政府对地方振兴协会给予财政支援，町政府在计划实施的第一年和第二年每年向其提供 100 万日元，第三年到第十年每年提供最高 50 万日元的补助金。

向发挥地域特色有贡献的非工程类活动提供补助。

此外，本补助金的主要用途如下：制订计划、实施活动、研修、调查、讲师酬金以及租金等。

（2）此外，针对临时性的大规模活动、设施维修等，可以灵活利用国家（农山渔村活跃化项目补助金等）以及县内的补助政策。

7　其他

（1）《地区活跃化计划》在町政府的主页等媒体上公开展示。

（2）活动实施期间，每年都要在"零分之一村落复兴运动"成果发表会上报告活动进展状况。

（3）即使协会获得过许可，但是根据每年的活动内容和组织情况的不同，许可也可能被取消。

译者：宁越

后 记

我从1984年起开始建设城镇，却遭到了周围人的强烈抨击。那时，已故的前桥登志行先生（在第一章中已介绍）鼓励我说："树大招风，这是世间规律。但如果这棵树足够大，便不怕风暴。实际上，正是风暴在激励树木成长。"他的这番话为我注入了勇气。我知道自己会遭受一定程度的风暴，但我却选择重新端正自己的姿势以直面风暴。

在城镇和村落中，人们极其厌恶比旁人突出的行为。当时就有传闻说我这是沽名钓誉，是为了升职。在这样的情况下，我难以施行对居民们有益的事。不知不觉中我开始迎合周围人的目光，这也成了地区中的为人处事之法。而且，我们城镇和村落一无所有。全国各地都有发出这般感叹的城镇和村落。我刚开始建设城镇时，尽管智头町拥有丰富的杉树资源，但居民们还是摇头感叹："什么都没有啊！"此外，首长被替换了一期，町议会议员又屡次违反选举规定。对此我感到十分生气。匹夫不可夺其志，就算智头町没有名胜古迹、温泉和特产，也有人财（才）①。我决心要将智头町建设

---

① 作者在此处采用了谐音的手法，旨在表示人才即人财。后文中则统一使用"人财"。

为令孩子们感到骄傲的城镇。如果有了这个传承，就一定会有后继之人。我怀着这样的想法开始了建设工作，而如今的智头町已经诞生了可以独当一面的人财。

从智头町约35年的城镇建设史中可以发现：就算是被认为一无所有的城镇也有人财。人财才是珍贵的地区资源，具有重要的价值。通过对本书中所介绍的人财的倾听，我们发现他们都过着富有创造力和独创性的生活，并不断地进行着创发行动。简单来说，地方创生有可能通过"创发①活动"来实现。

总之，我们在书中所探寻到的是：城镇建设在于发挥居民个人的生活方式所具有的价值，创发性的生活方式才是开拓地区的秘诀。地区所忌讳的异质和特质中孕育着最大的可能性，在有个性的人财手中城镇才能绽放光彩。日本尚且不用说，如今这些实践事例已经传播到了韩国、中国乃至世界，成为人口过疏城镇的实证样本。如果书中所介绍的智头町的"六个事例"能为"一无所有"的城镇和村落提供启发，我将倍感荣幸。

以城乡关系进行比较的话，可以发现城市的发挥空间较小，但智头町的事例却能直接传播到世界各地。从社会的角度看，这是由于居民与政府间的距离感和地理条件产生了规模效益，而这正是地方的地区社会所拥有的最大价值。

2014年12月，当明治大学的小田切德美教授在岩波书店出版《农村山村不会消失》一书时，我才萌生了编写本书的想法。小田切教授在书中（第60页）介绍道："1996年，由居民组织而成的

---

① 个人并非独立存在，而是通过与他人的交流在团体中发挥自己的力量，创造出富有创造性的成果，该过程即被称为创发。

'智头町振兴项目团体'（约 30 人）和行政人员总结过去两年间的讨论成果，制成了《日本"零分之一村落振兴运动"企划书》。说得夸张一点的话，这份企划书相当于日本地区建设的里程碑式文件。我想将全文登载出来。"以此书为契机，我开始与小田切教授有了交流。本书从构想到出版的三年间，小田切教授一直将智头町的运动作为研究主题。此外，由于小田切教授对国内乃至世界各地的地区建设都有着很深的造诣，他还给予了我们关于书本结构和内容编辑的意见，这些意见都是我们想不出的。特别是最后要收尾时，小田切教授对我说："每个地区都是独一无二的。自以为是的话将无法吸引读者。"我茅塞顿开。由此，我重新评估了智头町的城镇建设后编写完本书。在此，我由衷地感谢小田切教授所给予的帮助。

此外，立命馆大学的山口洋典副教授移居京都后，兼任同志社大学的外聘讲师。他在所教授的研究生课程"临床城镇建设学"中给予了我学习和提供话题的机会，并于 2016 年度的上半学期课程中让我与同学们一起对智头町进行了验证。我由此强烈地意识到了将默认知转换成语言的重要性。2018 年度起，山口副教授开始在立命馆大学开展地区经营实践研讨会，我的拙著《从"地方创生"到"地区经营"》有幸被指定为该研讨会的参考书目。同时，与学生们一同学习的经验也极大地帮助了本书的编写。学习的态度就像一个路标，不矜不伐，志存高远。在学习中，我与许多人相遇，并收获了无限智慧。我每天都在问自己："我果真能不负众望吗？""还远着呢。"我听见自己说。我想着自己迟早都要写本书，最终在大家的帮助下出版了这本书。

我邀请并肩作战的泽田廉路先生和平塚伸治先生与我共同编写该书。泽田先生在访谈中引出了许多珠玉之言，平塚先生则从地区经营的角度对内容进行了验证。他们既是当事者，也是编写者。2019年7月1日，智头町作为实践联合国可持续发展目标的地方自治体，被内阁府认定为"SDGs未来都市"。借此契机，我决心出版这本书，并在今井印刷株式会社的永见真一社长的帮助下成功出版。对此，我衷心表示感谢！

　最后，我的盟友平塚伸治先生于2019年3月13日与世长辞了。谨以此书献于龛前以表哀悼。

2019（令和元）年10月1日
寺谷笃志

编著者

○寺谷笃志

1948年出生于鸟取县智头町，毕业于鸟取县立智头农林高中。2011年从鸟取县那岐邮政局长一职退休。曾提出"地区经营""思维设计"的概念，并创建了"四面会议机制"、智头町"日本零分之一村落振兴运动"等社会系统。

著有《从"地方创生"到"地区经营"》（合著，工作与生活研究所，2015年；中译版，2017年）、《退休后，在京都开启的第二人生》（岩波书店，2016年）、《向日葵体系的城镇建设》（合著，春日书房，1997年）。

○泽田廉路

1954年出生于鸟取县岩美町。2018年起担任鸟取县建筑师协会专务董事兼事务局长。在大阪大学工程研究生院修完博士课程后，获得博士（工学）学位。曾就职于鸟取县厅建筑科、住宅科，后曾任财团法人鸟取政策综合研究中心主任研究员、鸟取县职员人才开发中心教授等。2013年任鸟取大学地区学院特任副教授。2016年任鸟取大学校长室特任副教授。地区规划学专家，曾提出地区再生论。

著有《中国地区复兴的建筑遗产》（合著，中国地方综合研究中心）、《昔日街景的再生》（专著，鸟取政策综合研究中心）等。

○平塚伸治

1948年出生于滋贺县日野町，后毕业于立命馆大学经济学院。2012年从关西信息·产业振兴中心（财团）退休。

1986～1996年参与大阪站梅田北区（现梅北）的市中心开发研究项目"媒体城市论坛"，1996年参与"开放机制下的城镇建设手法研究"等工作。

著有《从"地方创生"到"地区经营"》（合著，工作与生活研究所，2015年；中译版，2017年）、《来自地区的挑战——鸟取县·智头町的"地区"振兴》（合著，岩波书店，2000年）、《休戚相关的乡村——人与地区的"共存"方式》（合著，岩波书店，2011年）等。

导读者

○小田切德美

出生于1959年,现任明治大学农学院教授。农政学专家,曾提出农村政策论、地区统治论。修完东京大学研究生院博士课程学分后退学(农学博士)。曾任东京大学副教授,现任日本学术会议会员、日本地区政策学会会长。

著有《地区再生的前沿》(合著,农文协)、《农村山村不会消失》(岩波书店)、《农村山村的地方创生》(合著,筑波书房)等多部著作。